AF163154

Manfred Zopf

Die schönste Frau

novum pro

www.novumverlag.com

Bibliografische Information
der Deutschen Nationalbibliothek:

Die Deutsche Nationalbibliothek
verzeichnet diese Publikation in
der Deutschen Nationalbibliografie.
Detaillierte bibliografische Daten
sind im Internet über
http://www.d-nb.de abrufbar.

Alle Rechte der Verbreitung,
auch durch Film, Funk und Fernsehen,
fotomechanische Wiedergabe,
Tonträger, elektronische Datenträger
und auszugsweisen Nachdruck,
sind vorbehalten

Gedruckt in der Europäischen Union
auf umweltfreundlichem, chlor- und
säurefrei gebleichtem Papier.

© 2022 novum Verlag

ISBN 978-3-99131-666-4
Lektorat: Susanne Schilp
Umschlag- und Innenabbildung:
Manfred Zopf
Umschlaggestaltung, Layout & Satz:
novum Verlag

Die vom Autor zur Verfügung gestellten Abbildungen wurden in der bestmöglichen Qualität gedruckt.

www.novumverlag.com

90-60-90. Für mich sind das nur Zahlen! Für viele andere ist das leider nicht so. Trotzdem: Ich habe ein Problem mit diesen Zahlen! Wissen Sie, welches? Ich verrate es Ihnen: Diese Zahlen haben für viele Frauen eine große Bedeutung. Ja, es geht hier um Körpermaße. Viele Frauen wollen genau so aussehen: 90-60-90. Diese Zahlen haben aber eigentlich **NICHTS** mit der Persönlichkeit einer Frau zu tun. Und es ist **die Persönlichkeit einer Frau, die von großer Bedeutung sein sollte** und nicht die Körpermaße einer Frau!!! Dieses Problem habe ich mit diesen Zahlen.

Das Schönheitsideal der Frau hat mit so vielen gesellschaftlichen Themen etwas zu tun und es ist ein globales Thema. Darum ist es für mich als Autor nicht wirklich schwierig, Inhalte für dieses Buch zu finden.

Folgendes: Ich weiß selbst, wie es ist, wenn man ein Buch beginnt zu lesen und es dauert mehrere Seiten lang, bis es dann wirklich losgeht, bis man dann das beginnen kann zu lesen, was man auch lesen will. Ich persönlich habe das zumindest schon oft so erlebt, bei genug Büchern, die ich gelesen habe und ich habe es ehrlich gesagt immer gehasst. Meine Meinung bezüglich des Beginns eines Buches ist: erste Seite, los geht's! Und da ich das bei meinem Buch natürlich genau so mache, sind wir <u>schon komplett beim Thema</u>.

Viele Menschen denken, Frauen so wie Männer, dass eine Frau die Körpermaße 90-60-90 haben muss, um gut auszusehen. Entschuldigen Sie bitte jetzt schon den Einwurf meiner kurzgefassten persönlichen Meinung dazu: **Was für ein Blödsinn!!!**

Aber es wurde einmal entschieden, dass 90-60-90 die optischen Idealmaße einer Frau seien sollen/sind. Ein kritischer Mensch könnte sich jetzt sofort die Frage stellen: Okay, ideal wofür? Mehr dazu aber erst später.

Es ist nicht wirklich schlimm, dass jemand irgendwann einmal diese Idealmaße definiert hat. Aber es ist schlimm, dass viele Frauen, die nicht diese Idealmaße haben, denken, dass sie nicht schön bzw. sogar hässlich sind, weil sie diese Idealmaße nicht haben. Das ist extrem schlimm!!!

Ich möchte, dass sich das ändert. DAS MUSS SICH ÄNDERN! Zum Wohlergehen vieler Frauen und auch zum Wohlergehen vieler Männer!

Ich möchte für Sie kurz etwas Geschichtliches erwähnen: Wussten Sie eigentlich, dass sich das Schönheitsideal der Frau von historischer Epoche zu Epoche schon mehrmals verändert hat? Ja, das hat es. Es gab auch schon Zeiten, da war das Schönheitsideal der Frau ein etwas eher üppigeres. In der historischen Epoche, die als die Barock-Epoche bezeichnet wird, war das beispielsweise so. Die Barock-Epoche begann Ende des 16. Jahrhunderts und dauerte bis ungefähr 1760/70. Zu dieser Zeit galten kurvigere, üppigere Frauen als schön. Damals gab es also ein ganz anderes Schönheitsideal für Frauen. Auch wenn diese geschichtliche Angabe von mir relativ kurz ist, ist sie wichtig.

Okay, dieses Buch ist kein Geschichtsbuch. Folgendes muss ich aber trotzdem an dieser Stelle nennen: Unabhängig von der zeitlichen Epoche, in der wir leben, zielt dieses Buch darauf ab, dass sich eine Frau von niemand anderem vorschreiben lassen sollte, ob sie sich optisch als schön betrachten darf oder nicht!

Es gibt so viele optisch wunderschöne Frauen auf dieser Welt, Frauen, die nicht die Körpermaße 90-60-90 haben!!!

In der Wissenschaft gibt es ein Wort namens Gedankenexperiment. Dabei geht es einfach darum, sich etwas Bestimmtes, gedanklich vorzustellen. Ich möchte nun so ein Gedankenexperiment mit Ihnen machen:

Stellen Sie sich bitte Folgendes vor: Mehrere (mächtige) Menschen treffen zusammen in ein paar Wochen die Entscheidung, dass ab diesem zukünftigen Zeitpunkt die Körpermaße 100-70-100 die weiblichen Idealkörpermaße sind. Ich frage Sie nun: Sind dann ab diesem Zeitpunkt alle Frauen, natürlich auch alle weiblichen Models, mit den Körpermaßen 90-60-90 hässlich?

Ich habe in diesem Buch bereits erwähnt, dass es extrem schlimm ist, dass viele wunderhübsche Frauen, die die Körpermaße 90-60-90 nicht haben, denken, dass sie nicht schön bzw. sogar hässlich sind und dass sich das ändern MUSS.

Es gibt wahrscheinlich bestimmte Menschen, die das lesen und dann Interesse daran haben könnten, mir folgende Frage zu stellen: „Sie wollen das aktuelle Schönheitsideal einer Frau also zerstören/eliminieren?"

Diesen Menschen würde ich wie folgt antworten: „Sie müssen von mir wissen, dass ich ein komplett friedvoller Mensch bin. Darum gehört es nicht zu meinen persönlichen Eigenschaften, etwas zerstören zu wollen. Etwas zerstören zu wollen assoziiere ich grundsätzlich sofort mit etwas Negativem, etwas Schlechtem, und daran habe ich kein Interesse." Ich müsste dann aber noch weiters antworten: „Die vorherige Frage hat das Wort eliminieren beinhaltet. Wenn man recherchiert, was die genauere Bedeutung von eliminieren ist, findet man dazu Beschreibungen wie: etwas Fehlerhaftes oder etwas Schadenbringendes ausschalten oder beseitigen." Und dazu, also zu diesem Teil der Frage MUSS ich sogar als friedvoller Mensch sagen: „Ja, dieses geltende Schönheitsideal ist komplett fehlerhaft und ist weltweit für sehr viele Menschen etwas Schlechtes, die Eliminierung davon ist etwas sehr Gutes!"

Man kann somit auch sagen, wenn man etwas eliminiert, beurteilt man etwas als fehlerhaft, schlecht und/oder falsch. So etwas beseitigt man/verabschiedet man dann aus seinem Leben, **was gut für einen selbst ist** bzw. **das eigene Leben verbessert!**

Ich habe also mit diesem Buch die Absicht, dass viele Menschen weltweit die Einstellung zu diesem ungesunden Ideal ändern.

Frauen für sich selbst, im Sinne ihrer Selbstliebe und Selbstakzeptanz, und auch viele Männer tun sich selbst einen Gefallen bzw. sogar mehrere, wenn sie die Einstellung zu diesem ungesunden weiblichen Schönheitsideal ändern. Für alle Menschen, die daran Interesse haben, beinhaltet dieses Buch dazu eine ausführliche und sehr umfangreiche Erklärung.

Ich möchte eine Frage formulieren, die im Allgemeinen sehr viel mit dem ganzen Buch zu tun hat:

„Wie ist es überhaupt möglich, dass auf dieser Welt eine für meine Begriffe so unfassbare Fremdbestimmung herrschen kann?"

Auf diese Frage werden Sie an mehreren Stellen dieses Buches Antworten finden.

Ich weiß, leider gibt es (weiterhin) Orte/Länder auf der Welt, wo ein Mensch nicht einmal wirklich seine eigene ordentliche Meinung haben darf bzw. seine eigene ordentliche Meinung zumindest bezüglich bestimmten Themen nicht in der Öffentlichkeit ehrlich aussprechen darf. Aber es gibt zum Glück viele Orte und Länder auf dieser Welt, wo Frauen und Männer eigene Meinungen haben dürfen und diese eigenen Meinungen auch öffentlich vertreten werden dürfen/können.

Ich möchte Ihnen nun eine Frage stellen: Wann ist eine Frau schön? Sobald sie die Körpermaße 90-60-90 hat? Und sonst nicht? Ich hoffe, Sie tendieren jetzt schon zu Nein.

An dieser Stelle des Buches möchte ich Ihnen etwas mitteilen, das Sie vielleicht sogar schockieren wird: Viele Frauen können diese Körpermaße 90-60-90 gar nicht haben. Ich werde das später noch genauer ausführen, aber ich möchte jetzt schon erwähnen, dass das aus verschiedenen Gründen so ist. Zum Beispiel gibt es Frauen, die sind genetisch so veranlagt, dass sie diese Körpermaße gar nicht haben können. Aber wie vorhin schon erwähnt, eine genauere Ausführung dieser Tatsache folgt für Sie später noch im Buch. Aber ich möchte jetzt noch eine wichtige Frage dazu formulieren: „Dürfen sich solche Frauen, aufgrund ihrer Genetik, dann ihr ganzes Leben lang nie als schön betrachten?" Sollte es wirklich Menschen geben, die diese Frage mit Ja beantworten würden, na ja, was kann man solchen Menschen raten? Für mich ist diese Frage gar nicht so einfach zu beantworten, weil ich eigentlich dazu eine mehrseitige Erklärung mit vielen Aspekten formulieren müsste. Ein mehrseitiger Platz dafür ist für mich in diesem Buch aber absolut ausgeschlossen, denn das hätte etwas mit Blödsinn meinerseits zu tun. Kurzgefasst ist es korrekt, die in diesem Absatz von mir erste formulierte Frage, mit einem definitiven NEIN! zu beantworten. Das ist die Antwort, die stimmt.

Ich vermute, dass das Publikum dieses Buches zum Großteil Frauen sind. Jede einzelne dieser Frauen möchte ich persönlich von mir wissen lassen: Ich wünsche Ihnen, dass Sie Ihre persönliche Einstellung zum bestehenden Schönheitsideal einer Frau mit Hilfe dieses Buches ändern, vorausgesetzt natürlich, dass Sie das auch wollen und dass Ihnen das gut tut. Denn genau darum schreibe ich dieses Buch!

Ich weiß, auch aus vielen eigenen Erfahrungen mit Frauen, dass es weltweit sehr viele Frauen gibt, die unglücklich oder sogar sehr unglücklich mit ihrem Aussehen sind. Und ohne an dieser Stelle für mein eigenes Buch wirklich Werbung machen zu wollen, möchte ich zu all diesen Frauen sagen: Lesen Sie erst mal dieses Buch und dann schauen wir noch einmal, ob Sie zum Beispiel wirklich Mitgliedschaften und Trainingspläne in Fitnessstudios brauchen (die man bezahlen muss!), ob Sie bestimmte Abnehmprodukte brauchen (die man bezahlen muss!), ob Sie bestimmte Leckereien nicht mehr essen dürfen, die Sie aber eigentlich essen wollen, ob Sie eine kleinere Konfektionsgröße brauchen usw.! Ich sage Ihnen: Das alles brauchen Sie nicht! Es sind Denkweisen in Ihrem Kopf, die Sie einfach nur ändern müssen und Sie werden glücklich(er) sein, das verspreche ich Ihnen!

Meine Aufgabe ist es, denke ich, mit der Erstellung dieses Buches vielen Menschen auf dieser Welt den Weg zu zeigen und ihnen die Informationen zu übermitteln, um diese Denkweisen ändern zu können. Ich kann Ihnen auch sagen, warum ich das mache: Denn ich bin ein Mensch, der **Interesse am Allgemeinwohl** hat. Und ich weiß, vorher habe ich das Wort einfach genannt. Es ist manchmal gar nicht einfach, bestimmte Denkweisen zu ändern. **Aber es ist möglich.** Das Gute für Sie ist, dass ich eh noch nicht genau weiß, wie lang dieses Buch wird, insofern verlassen Sie sich auf mich, in diesem Buch steckt noch sehr viel Gutes für Sie.

Ich muss bereits jetzt noch etwas nennen, was mir sehr wichtig ist! Es betrifft den vorherigen Absatz, in dem es darum geht, was Sie alles nicht brauchen, um schön zu sein, wie zum Beispiel eine Mitgliedschaft in einem Fitnessstudio. Es ist wichtig, dass Sie das auch genau so verstehen, wie ich es gemeint habe. Sie brauchen zum Beispiel keine Mitgliedschaft in einem Fitnessstudio zu haben, damit Sie schön sein können. Damit will ich aber definitiv nicht sagen, dass ich im Allgemeinen etwas gegen eine Fitnessstudio-Mitgliedschaft habe! Grundsätzlich sogar eher im Gegenteil. Aber wann brauchen Sie eine Fitnessstudio-Mitgliedschaft? Die brauchen Sie, wenn Sie selbst über sich denken und wissen, dass **Sie gerne**, zumindest hin und wieder, von sich aus Sport machen wollen und es Ihnen in einem Fitnessstudio zum Beispiel sehr gefällt, dass man mit all den verschiedenen Trainingsgeräten usw. tolle Trainingsmöglichkeiten hat, die die meisten Menschen bei sich zu Hause nicht haben. Wenn das für einen selbst so ist, dann ist eine Fitnessstudio-Mitgliedschaft super. Ich selbst trainiere gerne/mache gerne Sport, auch in einem Fitnessstudio, weil es mir Spaß macht/weil ich mich während eines Trainings relativ frei fühle, weil es gesund ist und darum mache ich das von mir aus immer wieder gerne. Aber ich mache das sicher nicht, weil die Öffentlichkeit von mir sozusagen ein bestimmtes männliches Aussehen verlangt, damit ich in der Öffentlichkeit akzeptiert werde. Das ist mir komplett egal! **Ich mache das wegen mir selbst/für mich selbst!**

Und als Frau sollten Sie ebenso (das ist natürlich geschlechtsunabhängig!) in ein Fitnessstudio gehen, wenn es Ihnen Spaß macht und wenn Sie das gerne tun. Aber nicht, weil Sie laut der

Definition des gesellschaftlichen weiblichen Schönheitsideals die Körpermaße 90-60-90 haben sollten. Denn das ist eine meiner Meinung nach einfach nur lächerliche und so lachhafte Definition. Ich hoffe, Sie können es mit dieser Erklärung bereits verstehen, es geht bei diesem Beispiel und bei allen anderen Punkten, die ich erwähnt habe (Abnehmprodukte; bestimmte Leckereien nicht mehr essen dürfen, die Sie aber eigentlich essen wollen; kleinere Konfektionsgröße), um die FREMDBESTIMMUNG, die bei all diesen Punkten grundsätzlich nichts verloren hat! Es ist IHR Körper! Es ist IHR Aussehen! Es ist IHRE ENTSCHEIDUNG!

Es ist IHRE ENTSCHEIDUNG!!!

Viele Menschen müssten insofern an sich arbeiten bzw. daran arbeiten, nicht mehr so fremdbestimmt zu werden, damit es Ihnen besser gehen kann.

Ich möchte Ihnen nun ein paar Gegensätze darstellen, die für Sie hoffentlich emotional eindeutige Unterschiede sind:

Eigenbestimmung	Fremdbestimmung
Freiheit	Zwang
Liebe	Hass

All die Punkte, die ich vorher genannt habe (Mitgliedschaften und Trainingspläne in Fitnessstudios; Abnehmprodukte; bestimmte Leckereien nicht mehr essen dürfen, die Sie aber eigentlich essen wollen; kleinere Konfektionsgröße), inkludieren bei einer bestimmten Entscheidung von Ihnen sozusagen ein bestimmtes Verhältnis von Eigenbestimmung und Fremdbestimmung, das Sie betrifft. Als Randnotiz möchte ich dazu hier noch erwähnen: Gute VerkäuferInnen, egal um welches Produkt oder um welche Dienstleistung es geht, respektieren Ihre Eigenbestimmung bei einem eventuellen Kaufwunsch von Ihnen. Die besten VerkäuferInnen haben sogar das Feingefühl, dass Sie Ihre Absicht relativ schnell bemerken und sie **selbstverständlich respektieren**, unabhängig davon, was Ihre Eigenbestimmung für einen bestimmten Verkäufer/eine bestimmte Verkäuferin bedeutet. Denn wenn **Sie** etwas kaufen, dann geht es um **IHRE ENTSCHEIDUNG!**

Es geht für Sie in diesem Buch nun weiter auf Ihrem Weg der Denkweisenänderung und auf dem Weg zu Ihrer persönlichen **Freude und Zufriedenheit!**

Seien Sie jetzt bitte einfach ganz ehrlich, ehrlich zu sich selbst: Wie wichtig ist Ihnen Aussehen? Unter diesem Absatz sehen Sie eine Grafik, das ist eine Punkteskala von 0 bis 10. Wenn Sie möchten, nehmen Sie jetzt bitte einen Stift zur Hand und markieren Sie auf dieser Skala, zum Beispiel mit einem **x** oder einer kleinen Kreismarkierung (**o**), von 0 bis 10, *wie wichtig für Sie im Allgemeinen das Aussehen von einem Menschen ist.* Der Minimalwert 0 würde bedeuten, dass für Sie das Aussehen von einem Menschen komplett unwichtig/egal ist. Der Maximalwert 10 würde bedeuten, dass für Sie das Aussehen von einem Menschen das Wichtigste ist.

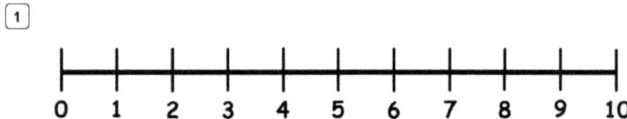

Es folgt nun eine weitere Skala, wo Sie bitte, unabhängig davon, ob Sie im Moment in einer Beziehung sind oder nicht, folgenden Eintrag machen: *Wie wichtig ist Ihnen persönlich in etwa das Aussehen Ihres (Wunsch-)Partners/Ihrer (Wunsch-)Partnerin?* Der Minimalwert 0 würde hier bedeuten, dass Ihnen das Aussehen Ihres (Wunsch-)Partners/Ihrer (Wunsch-)Partnerin komplett unwichtig/egal ist. Der Maximalwert 10 würde bedeuten, dass Ihnen bei Ihrem (Wunsch-)Partner/bei Ihrer (Wunsch-)Partnerin das Aussehen am wichtigsten ist.

Eine dritte und vorerst letzte Skala folgt weiters: Hier tragen Sie bitte Folgendes ein: Schätzen Sie (oder vielleicht wissen Sie es, wenn Sie in einer Beziehung sind): *Wie wichtig denken Sie ist Ihrem (Wunsch-)Partner/Ihrer (Wunsch-)Partnerin **Ihr** Aussehen?* Wenn Sie momentan Single sind, geht es hier um die Beantwortung (Einschätzung) der folgenden Frage: Wie wichtig schätzen Sie, ist **Ihr** eigenes Aussehen dem Mann/der Frau, mit dem/der Sie gerne in einer Beziehung sein würden? Die Skalawerte gehen wieder von 0 bis 10. Der Minimalwert 0 würde hier bedeuten, Sie schätzen, dass **Ihr Aussehen** Ihrem (Wunsch-)Partner/Ihrer (Wunsch-)Partnerin komplett unwichtig/egal ist. Der Maximalwert 10 würde bedeuten, Sie schätzen, dass **Ihr Aussehen** Ihrem (Wunsch-)Partner/Ihrer (Wunsch-)Partnerin am wichtigsten ist.

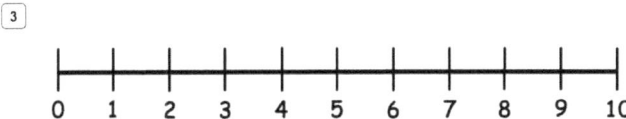

Ich möchte Sie nun meine Meinung zu diesen drei Skalen wissen lassen: Ich denke, unabhängig davon, ob einem bei der ersten von den drei Skalen das Aussehen von einem Menschen im Allgemeinen mehr oder weniger egal oder wichtig ist, viele Menschen würden bei der zweiten und bei der dritten Skala einen relativ hohen bzw. höheren Eintrag machen. Anders formuliert, denke ich, es trifft auf viele Menschen zu, dass ihnen das Aussehen von einem Menschen **im Allgemeinen** eventuell gar nicht so wichtig ist (Skala 1 von 3), wenn das Aussehen von einem Menschen einen dann aber **gewissermaßen persönlich betrifft** (Skala 2 von 3 und Skala 3 von 3), wird das Aussehen für viele Menschen dann aber auf einmal um einiges oder sogar um sehr vieles wichtiger. Und ich denke, viele Menschen machen darum bei Skala 2 von 3 und Skala 3 von 3 wertmäßig höhere Einträge als bei der ersten Skala. Darum lässt sich hier für mich als Fazit nennen, dass sich viele Menschen wünschen, einen sehr gutaussehenden Partner/eine sehr gutaussehende Partnerin zu haben (Eintrag Skala 2) und dass viele Menschen der Meinung sind, dass man für seinen Wunschpartner/für seine Wunschpartnerin sehr gut aussehen muss/sollte (Eintrag Skala 3). Also, ich denke, wenn es um eine partnerschaftliche Beziehung geht, sind die gegenseitigen Erwartungshaltungen, was das Aussehen betrifft, oft hoch.

Und ich sage Ihnen, genau das ist ein großes Problem von vielen Menschen und für viele Menschen weltweit. Warum ist für so viele Menschen das Aussehen so wichtig? Warum zählt es für viele Menschen so wenig, was ein Mensch in seinem Herzen trägt? Traurigerweise weiß ich und ich traue mich, es zu sagen, dass auch all das viel mit bestimmten Verhältnissen von Eigenbestimmung und Fremdbestimmung zu tun hat. Glücklicherweise weiß ich und es ist mir wichtig zu sagen, es ist aber möglich, dass man diese Verhältnisse für sich selbst ins Positive verändern und so das alles für sich selbst auch verbessern kann. Und zumindest manchmal ist für einen selbst die Änderung einer bestimmten Denkweise bereits der Erfolg. (KLEINE DINGE – GROSSE WIRKUNG!)

Es ist nun die Zeit gekommen, Ihnen etwas sehr Wichtiges bezüglich des Covers dieses Buches mitzuteilen. Auf dem Cover dieses Buches sehen Sie ja ein Herz – mit der Inschrift „Die schönste Frau" –, in dem mehrere kleine Herzen sind. Sinnbildlich geht es in diesem Buch genau um das, was man auf dem Cover sehen kann. Denn ich sage Ihnen: **Die schönste Frau ist die Frau, die die schönsten Charaktereigenschaften in ihrem Herzen trägt!**

Zur genaueren Erklärung: In dem großen Herz auf dem Buchcover ist jedes kleinere Herz, wenn man es sich ganz genau ansieht, einzigartig, also anders als die anderen. Die kleinen Herzen im großen Herz haben unterschiedliche Größen und Farben. Jedes einzelne dieser Herzen steht für eine schöne menschliche Charaktereigenschaft. Ein kleines Herz steht zum Beispiel für die Charaktereigenschaft **Warmherzigkeit**. Ein anderes kleines Herz steht zum Beispiel für die Charaktereigenschaft **Treue**. Ein nächstes Herz steht für die Charaktereigenschaft **Nächstenliebe** usw.

Weitere Beispiele solcher schönen Charaktereigenschaften sind: **Hilfsbereitschaft. Loyalität. Güte. Freundlichkeit. Ehrlichkeit. Geduld. Optimismus. Bodenständigkeit. Vertrauenswürdigkeit. Dankbarkeit. Freude. Liebe.**

Die schönen Charaktereigenschaften im Herzen eines Menschen, die sollten hauptsächlich zählen, darum sollte ein Mensch interessant sein (oder nicht)!

Ich möchte mit Ihnen zurückgehen zu den drei Skalen und zum Thema Wunschpartner/in bzw. möchte ich Sie an die Inhalte dieser drei Skalen erinnern.

Vieles, was ich bis zu dieser Stelle versucht habe zu erklären, hat mit weltweiten Problemen zu tun, also viele Menschen weltweit sind von Problemen betroffen, welche die von mir bereits genannten Thematiken betreffen. Diese Probleme betreffen viele Menschen, die in einer Beziehung sind, aber trotzdem unglücklich sind. Und diese Probleme betreffen viele Menschen, die Single sind und nicht (mehr) allein sein wollen. Aber es gibt viele dieser Probleme, weil viele Menschen den Fehler gemacht haben oder den Fehler machen, zu viel Wert auf das optische Erscheinungsbild von anderen Menschen zu legen und die inneren Werte von anderen Menschen oft auf dieser Welt von zu wenig Bedeutung sind.

Es ist im Allgemeinen einer der größten Fehler, den man machen kann, wenn man bei seinem Gegenüber hauptsächlich aufs Aussehen schaut.

Ich möchte jetzt noch einmal ein Gedankenexperiment mit Ihnen machen: Stellen Sie sich bitte zwei unterschiedliche Frauen vor. Sagen wir, beide Frauen, die Sie sich vorstellen, stehen auf einer kleinen Bühne, zum Beispiel auf einer Bühne in einem kleinen Theatersaal und Sie sitzen als einziger Mensch auf einem Publikumsplatz. Gemäß Ihres Geschmacks stellen Sie sich jetzt bitte zwei Frauen vor, die optisch nicht mehr besser aussehen können. Sie stellen sich jetzt gerade wahrscheinlich auch vor, dass beide Frauen geschminkt sind und ein tolles Outfit haben. Optisch sind das also zwei Frauen, die Ihrer Meinung nach super aussehen. Die erste Frau, die Sie sich vorstellen, steht in der Mitte der linken Hälfte der Bühne. Und die zweite Frau, die Sie sich vorstellen, steht in der Mitte der rechten Hälfte der Bühne.

Der wesentliche Unterschied zwischen den beiden Frauen in diesem Gedankenexperiment ist aber, dass die Frau links eine sehr warmherzige und liebevolle Frau ist. Die Frau rechts ist kaltherzig und böse.

Zur Erinnerung: Zuvor wurde im Gedankenexperiment schon festgestellt, dass beide Frauen optisch super aussehen.

Etwas, das ich zu diesem Gedankenexperiment sagen könnte, wäre, dass sich der hässliche Charakter der zweiten Frau also kaschieren lässt, auch mit ihrer Schminke. Das ist jetzt von mir zwar einfach mal nur so gesagt, aber ich möchte das nicht unerwähnt lassen. Ich hoffe natürlich, dass alle LeserInnen am Ende des Buches den Gesamtzusammenhang verstehen, den dieses Buch hat. Natürlich bedeutet die vorherige Erwähnung NICHT, dass Frauen, die sich schminken, damit automatisch negative Charaktereigenschaften kaschieren wollen. Das wäre eine ABSOLUTE FEHLINTERPRETATION.

Aber das Gedankenexperiment soll etwas Wichtiges aufzeigen:

Zu Beginn des Gedankenexperiments, als festgestellt wurde, dass beide Frauen optisch nicht mehr besser aussehen können, waren beide Frauen für Sie (noch) schön. Als dann aber zu verstehen war, dass die Frau rechts kaltherzig und böse ist, waren Sie dieser Frau gegenüber wahrscheinlich plötzlich abgeneigt, wie es, so denke ich, zumindest bei den allermeisten LeserInnen der

Fall war, weil die meisten Menschen mit einem kaltherzigen und bösen Menschen nichts zu tun haben wollen. Wirklich schön ist in diesem Gedankenexperiment meines Erachtens für die allermeisten Menschen schlussendlich also **nur die Frau links.** Die Frau rechts nicht.

Und wie zuvor schon erwähnt, es ist im Allgemeinen einer der größten Fehler, den man machen kann, wenn man bei seinem Gegenüber hauptsächlich aufs Aussehen schaut, was durch dieses Gedankenexperiment verständlicher werden soll. Denn wenn man zu Beginn hauptsächlich Wert auf das optische Erscheinungsbild von jemand anderem legt, dann aber später die Charaktereigenschaften von so jemandem besser kennenlernt und diese Charaktereigenschaften sind so negativ wie zum Beispiel die genannten Charaktereigenschaften der Frau auf der Bühne rechts aus dem Gedankenexperiment, dann ist so jemand auf einmal gar nicht mehr so schön, wie er zu Beginn für einen war.

Sie können dieses Gedankenexperiment natürlich auch mit dem anderen Geschlecht machen, also die männliche Version davon. Oder Sie machen das Gedankenexperiment in beiden Versionen. Geschlechtsunabhängig ist der Sinn davon der gleiche! Meiner Einschätzung nach zählen schlussendlich die inneren Werte eines Menschen, zumindest für die meisten Menschen auf dieser Welt, viel mehr als das äußerliche Erscheinungsbild. **Dann sollte das aber von Anfang an wichtig sein und gelebt werden.** So macht man dann auch bestimmte Fehler im Leben seltener.

Es lässt sich also sagen, dass das optische Erscheinungsbild einer Frau gar nicht so wichtig ist, wenn es bei einem Kennenlernen darum geht, die inneren Werte eines anderen Menschen kennenzulernen. Denn meiner Meinung nach sind für viele Menschen die inneren Werte schlussendlich entscheidend. Hierzu fällt mir etwas ein, was, denke ich, für viele LeserInnen humorbehaftet ist, aber ich meine das sogar relativ ernst. Bei einem ersten Date zum Beispiel sollte die Frau mit ihrem Outfit, ihrem Make-up, Schmuck und Schuhen gar nicht „top" aussehen! Denn wenn das Date dann gut war und es kommt zu einem/mehreren Folgedate/s, dann kann es für die Frau sogar mit größerer Wahrscheinlichkeit zutreffen, dass der Mann wirklich an ihrer Persönlichkeit interessiert ist, denn „top ausgesehen" hat sie ja nicht. Und dem Mann kann es mit einer geringeren Wahrscheinlichkeit passieren, dass er zu sehr Augen für das Aussehen der Frau hat und er kann sich dann viel besser darauf konzentrieren, die inneren Werte, die Charaktereigenschaften der Frau, die er datet, kennenzulernen. Natürlich empfehle ich damit nicht, dass sich eine Frau, zum Beispiel vor einem ersten Date, noch ein oder zwei Erdnussflips in die Haare schmiert. Aber man sollte sich meiner Meinung nach definitiv nicht primär um sein eigenes Aussehen kümmern, sondern darum, so ordentlich wie nur irgendwie möglich zu sein, das betrifft die eigene Persönlichkeit und nicht das eigene Aussehen.

Ich möchte an dieser Stelle des Buches etwas von meiner persönlichen Lebensgeschichte erwähnen: Ich hatte in meinem Erwachsenenleben bis jetzt drei partnerschaftliche Beziehungen. Ich habe in meinem Leben aber schon viele Frauen einfach so ein bisschen besser kennengelernt, rein platonisch, mit gewissen davon war ich befreundet, andere waren Bekanntschaften, also weniger als eine Freundschaft. Viele dieser Frauen waren optisch wirklich gutaussehend. (Ich möchte ergänzen, ich bin mir relativ sicher, dass keine einzige von all diesen Frauen die exakten Körpermaße 90-60-90 hatte.) Aber meine Ex-Partnerinnen und viele dieser anderen Frauen waren ohne ein Gramm Schminke in ihren Gesichtern optisch komplett gutaussehend!

Ich möchte nun folgenden Satz formulieren: Eine Frau, die Make-up braucht, um gut auszusehen, sieht also in echt (ohne Make-up) nicht gut aus. Genau so ist dieser Satz folgerichtig.

Auch das Thema Make-up hat einiges mit dem aktuellen Schönheitsideal einer Frau zu tun, wobei es mir auch hier darum geht, wie viel Wert von so vielen Menschen im Allgemeinen darauf gelegt wird. Beim Thema Make-up – geht es wieder so sehr um den Fokus auf das optische Erscheinungsbild einer Frau, was, genauso wie bestimmte, von irgendwelchen Menschen irgendwann einmal als wünschenswert definierte Körpermaße (90-60-90), ein

Widerspruch zum Fokus auf die inneren Werte einer Frau ist, welche aber wie schon erwähnt zählen sollten und zumindest für die meisten Menschen schlussendlich auch entscheidend sind, wenn es um das Interesse an einem anderen Menschen geht! Also bitte, Sie müssen mich auch hier richtig verstehen, ich bin kein wirklicher Gegner der Make-up-Industrie! Ich weiß es: Zum Beispiel bei einem besonderen Abend, an dem man als Paar in ein Theater geht, ich möchte Ihnen dazu ein konkretes Beispiel nennen: Sagen wir, ein Paar wohnt zusammen, ein Abendbesuch in einem Theater steht bevor und, wie es viele kennen, ist der Mann schon ausgehbereit und die Frau noch im Bad. Der Mann wartet dann beim Ausgang (des Hauses oder der Wohnung) und irgendwann kommt dann auch die Frau dorthin, sie kommt auf den Mann, auf ihren Partner, zu, dann auch bereit für den Theaterbesuch. Natürlich ist dieser Wow-Effekt schön, den man als Mann dann erlebt, wenn man seine Partnerin sieht, so schön, wenn sie an diesem besonderen Abend auch entschieden hat, etwas Make-up zu verwenden, um auch ganz besonders auszusehen.

Aber bei dieser Geschichte sind gewisse Detailerklärungen relevant: **Erstens** sollte eine Frau nur Make-up verwenden, wenn SIE und nur SIE das will, wenn es IHR GEFÄLLT!!! Da geht es um eine einzige Meinung!!! Um die von ihr!!! Da soll nicht irgendeine Meinung aus einer Werbung oder irgendeine Meinung von jemand anderem oder irgendeine Meinung bezüglich einer sozusagen gesellschaftlichen Vorgabe zählen. Es ist ihr Gesicht, es ist ihr Körper, also ist es auch IHRE ENTSCHEIDUNG!!!

Und **zweitens**: Geschmäcker sind verschieden!!! Der einen Frau gefällt das. Der anderen Frau gefällt etwas anderes. Und wieder einer anderen Frau gefällt vielleicht noch einmal ganz etwas anderes usw.

ABER: Das ist nur das Aussehen!!! Bleiben wir bei diesem Abend, bei dem Beispiel des Theaterbesuchs. Die Frau schaut optisch toll aus, okay. Die Frau und der Mann verlassen gemeinsam die Wohnung. Die Autofahrt zum Theater dauert circa 20 Minuten. Der Mann fährt. Die Frau sitzt auf dem Beifahrersitz und nervt ihn durchgehend. Sie kritisiert seinen Fahrstil. Sie attackiert ihn damit, dass er während der letzten paar Tage schon wieder viel zu wenig Zeit für sie hatte. Ihr ist die Wohnung zu klein, sie will eine größere. Er sollte sich auch einen anderen Job suchen, in dem er mehr verdient. Auch während der Theateraufführung und dann auch noch auf dem Nachhauseweg verhält sich die Frau dementsprechend unangenehm und ich nenne es auch *unpartnerschaftlich*. Zur „Krönung des Abends" schläft der Mann dann auf der Couch. Frage: Was haben der Mann und die Frau von diesem Abend? War dieser Abend harmonisch? Nein, das war er nicht. War dieser Abend so, dass man ihn wieder erleben will? Nein, so war er nicht. Eine weitere Frage: Wie wichtig war es an diesem Abend dann, dass die Frau toll ausgesehen hat? Antwort: Komplett unwichtig! Sie hat *mit ihrem Verhalten, mit ihren unangenehmen Charaktereigenschaften* den Abend komplett unharmonisch gemacht, und nicht mit ihrem Aussehen!

Was will ich hauptsächlich mit diesem Beispiel aufzeigen? Als Mensch sollte man in erster Linie daran interessiert sein, einen liebevollen Partner oder eine liebevolle Partnerin zu haben oder zu finden. Dann können Beziehungen auch halten und gut funktionieren. Und das Liebevolle, die liebevollen Charaktereigenschaften, die ein Mensch hat, befinden sich in seinem Herzen und nicht auf seinem Körper! Es geht darum, die Charaktereigenschaften eines anderen Menschen sozusagen zu prüfen bzw. herauszufinden, welche Charaktereigenschaften ein bestimmter Mensch hat. Wenn man das tut, hat man wirklich eine Chance, in einer Beziehung glücklich zu sein und es kann einem dann auch passieren, dass man sogar immer wieder von so einem anderen Menschen glücklich gemacht wird, langfristig, auf verschiedenste Art und Weise. Von einem Menschen mit liebevollen Charaktereigenschaften und nicht von einem Menschen, der gut aussieht. Entscheidend sind dafür die liebevollen Charaktereigenschaften eines bestimmten anderen Menschen!

Entschuldigen Sie die folgende Formulierung, aber es geht hier um die Aussagekraft: Wenn man daran interessiert ist, eine geile Frau oder einen geilen Mann zu finden, wie bitte soll einen das dauerhaft wirklich glücklich machen können!?!!

Ob eine Frau einen Mann oder ein Mann eine Frau optisch gutaussehend findet, dafür sind normalerweise maximal ein paar Blicke relevant. Aber wenn ich jemanden gesehen habe (für ein paar Sekunden), der mir optisch gefällt, kenne ich von diesem Menschen dann bereits auch seine Charaktereigenschaften? Nein, definitiv nicht! Aber entscheidend für eine gelingende Beziehung sind die Charaktereigenschaften der zwei Partner. Und nicht die Figuren (Körper) der zwei Partner und, etwas übertrieben formuliert, beispielsweise genau so wenig die Verwendung von Make-up.

Hier geht es also definitiv um eine Grundproblematik für eine gelingende partnerschaftliche Beziehung. In einer Beziehung ist es immer wieder relevant, Probleme zu lösen. Das ist unvermeidlich, denn zwei Personen, die jeweils einzigartig auf dieser Welt sind, gehen eine Partnerschaft miteinander ein. Jede einzelne Person bringt sozusagen individuelle Charaktereigenschaften und auch Eigenheiten in die Beziehung mit. Und an bestimmten Eigenheiten beider Partner muss hin und wieder gearbeitet werden. Ich verwende dafür verallgemeinernd den Begriff Beziehungsarbeit. Jedes Paar hat bestimmte, eigene Probleme zu lösen. Probleme, die zum Beispiel andere, befreundete Paare nicht haben. Es ist also immer wieder einmal, von Zeit zu Zeit, (auch individuelle) Beziehungsarbeit in einer Partnerschaft wichtig/notwendig. Das Aussehen der Partner löst aber in einer Beziehung zumindest genug Probleme nicht. Ja, gewisse Probleme lassen sich manchmal in einer Beziehung zeitweise kaschieren, einfach auch, weil einem die eigene Partnerin/der eigene Partner so gut gefällt. Aber bei vielen Problemen, die zu lösen sind, damit eine Beziehung weitergehen kann und beidseitig weiterhin funktionieren kann, zählen rein die Charaktereigenschaften der beiden Partner. Wenn man also von Anfang an eigentlich nur aufs Aussehen bei der Partnerwahl schaut, kann es gut sein bzw. ist es sogar relativ wahrscheinlich, dass man eine falsche Wahl trifft. Das gilt auf Seiten der Frauen und das gilt auf Seiten der Männer.

Auf was es also in einer gelingenden Beziehung ankommt, sind die Persönlichkeiten der zwei Menschen (Partner), die gemeinsam eine Beziehung gestalten. Das Aussehen der beiden Partner ist für eine gelingende, langfristige Beziehung relativ wenig von Bedeutung.

Trotzdem muss ich für eine gute, umfangreiche Erklärung und um gewisse Missinterpretationen der vorigen Zeilen möglichst zu vermeiden, noch etwas Bestimmtes erläutern: **Attraktivität!**

Es ist normal, dass man sich eine Partnerin/einen Partner wünscht, die/der einem auch gefällt. Aber ich frage Sie: Worauf schauen Sie bzw. worauf schauen Sie hauptsächlich bei Ihrer (Wunsch-)Partnerin/Ihrem (Wunsch-)Partner? Oder lassen Sie mich anders fragen: Wie schauen Sie? Schauen Sie nur mit Ihren Augen oder schauen Sie auch mit Ihrem Herzen?

Ich möchte Ihnen mithilfe eines Dating-Beispiels, welches nun folgt, genauer erklären, wie ich das meine: Eine Frau namens Rita und ein Mann lernen sich über das Internet kennen. Es kommt relativ schnell zu einem Treffen in einem Café, weil beide lieber persönlich reden möchten, anstatt lange hin und her zu schreiben. (Manchen Menschen ist das so lieber, weil man sich bei einem persönlichen Treffen/in einem persönlichen Gespräch schon auch ein bisschen besser/schneller kennenlernen kann, was bestimmte Verhaltensweisen usw. betrifft. Das ist selbstverständlich nur dann okay, wenn beide Menschen so ein eher schnelleres Treffen als angenehm empfinden!) Rita und der Mann konnten bereits Bilder voneinander sehen, weil zumindest zwei Profilbilder auf dieser Website verpflichtend sind, wenn man sich dort einen Dating-Account machen möchte. Ich erwähne es gleich, Rita ist etwas übergewichtig und hat natürlich (in dieser sehr oberflächlichen Welt!) versucht, das auf ihren Bildern so gut wie möglich nicht zu zeigen, da es ihr selbst unangenehm ist (in dieser sehr oberflächlichen Welt!). Sie hat seit circa zweieinhalb Jahren ungefähr 20 Kilo mehr, als sie selbst gerne haben möchte. Sie war in einer Beziehung mit einem Mann, der Alkoholiker wurde. Nach einer sehr leidvollen Zeit und sehr vielen sehr negativen Erlebnissen hat sie es zwar geschafft, die Beziehung vor circa einem Jahr zu beenden. Ihr Ex-Partner, welcher eine lange Entzugstherapie machen musste, hat die Trennung von ihr auch verstanden. Aber Rita konnte das Gewicht, das sie aufgrund **ihres psychischen Leidens** (!) über eine lange Zeit wegen ihrer letzten Beziehung aufgebaut hatte, noch nicht wieder loswerden.

Rita und der Mann treffen sich also im Café zum Date. Das Verhalten von Rita bei diesem Treffen ist absolut ordentlich. Da der Mann aber ein klares optisches Vorstellungsbild von der Frau hat, die er haben will, und Rita diesem Bild, wegen ihrer kurvigeren Figur, nicht entspricht, löscht der Mann nach dem Treffen ohne jegliche Erklärung die Online-Konversation. Somit gibt es keine Kontaktmöglichkeit mehr zwischen diesem Mann und Rita. Was der Mann nicht weiß bzw. nicht in Erfahrung gebracht hat: Charakterlich wäre Rita die Frau gewesen, mit der er eine erfolgreiche Beziehung hätte führen können.

Warum ist dieser Mann dumm? Ganz einfach, Rita hat die 20 Kilo zugenommen, weil es ihr für lange Zeit psychisch sehr schlecht gegangen ist. Rita kann die 20 Kilo aber auch wieder abnehmen. Sie ist ein liebevoller und ordentlicher Mensch. Sie war bei dem Treffen höflich, lustig und freundlich. Der Mann hat sie also sicher nicht mit seinem Herzen angesehen. Wenn er das gemacht hätte, hätte er sich vielleicht sogar noch während des ersten Treffens gedanklich ein weiteres Treffen mit Rita gewünscht. Aber der Mann hat Rita einfach nur oberflächlich beurteilt! Wenn es Rita schaffte, die 20 Kilo wieder abzunehmen, würde der Mann sie wegen eines erneuten Treffens anflehen! Darum bzw. auch darum ist dieser Mann dumm.

Das Beispiel von Rita soll Ihnen Folgendes zeigen: Wie jemand optisch aussieht, dafür kann es verschiedenste Gründe geben. (Ich werde mehrere solcher Gründe später noch nennen und auch noch detaillierter erklären!)

Rita hatte also ein Date mit einem komplett oberflächlichen Mann. Auch wenn es Rita schon ein bisschen weh getan hat, als sie nach dem Date bei ihr zu Hause bemerkt hat, dass die Online-Konversation auf einmal gelöscht war, Rita kann darüber eigentlich froh sein. Denn in den Online-Chats vor dem Date und während des Dates war Rita zu dem Mann freundlich und nett. Darum ist für sie nach diesem schlechten Date einfach relevant zu konstatieren, dass dieser Mann sie oberflächlich beurteilt hat. Da sie kein Interesse daran hat, so einen oberflächlichen Menschen in ihrem Leben zu haben, kann sie eigentlich froh sein, dass sie nach nur einem Date bereits in Erfahrung bringen konnte, dass dieser Mann komplett oberflächlich ist. Die Zeit für ein zweites oder vielleicht sogar drittes Date bekommt dieser Mann von Rita darum natürlich sicher nicht mehr. Sie kann diese Sache bereits nach einem Date abschließen und sie kann ab diesem Abschluss eine bestimmte Lebenszeit besser nutzen, als gemeinsam mit so jemand Kaltherzigem und Oberflächlichem Zeit zu verbringen.

Ich möchte noch weiteres zu einem bestimmten Aspekt nennen, bezüglich des Dates, das Rita erlebt hat. Es geht dabei um den Aspekt, dass der Mann Rita sofort oberflächlich beurteilt hat, als er sie beim Date das erste Mal in echt sehen konnte. Dabei geht es um etwas, das viele Menschen falsch machen. Viele Menschen haben ein bestimmtes Urteil über einen bestimmten anderen Menschen, sobald sie diesen anderen Menschen nur ein einziges Mal gesehen haben. Sie glauben also zu wissen, wie jemand anderer ist, nachdem sie ihn nur einmal angesehen haben. Was jemand anderer aber denkt, fühlt, in seinem Herzen trägt, bereits alles erlebt hat, wie sein Leben ist, was er schon alles so gemacht hat, zurzeit so macht und noch machen will, um das alles von jemand anderem in Erfahrung bringen zu können, muss man mit ihm Zeit verbringen, reden usw. Mit nur einem Mal Anschauen kann man von jemand anderem also Vieles gar nicht wissen. Dann sollte man aber jemand anderen nach nur einmal anschauen auch noch nicht beurteilen. Bestimmte Menschen, die aber trotzdem glauben, zu wissen, wie jemand genau ist, den sie erst ein einziges Mal angesehen haben, solche Menschen vorverurteilen dann ganz klar andere Menschen. Viele solcher Vorurteile sind dann aber auch gleichzeitig absolute Fehlurteile.

Sehen Sie sich das folgende Wort bitte genau an, bevor Sie weiterlesen:
Vorurteil.
Wissen Sie es?

Meine Erklärung von Vorurteil ist: Man urteilt schon über einen Menschen, beVOR man mit ihm gesprochen hat/mit ihm Zeit verbracht hat/ihn genauer kennengelernt hat.

Viele Menschen machen oft den Fehler, jemand anderem gar nicht die Möglichkeit zu geben, zu zeigen, wie sie oder er ist, weil die Urteile schon vorher gefällt sind, bevor ein Kennenlernen überhaupt passieren konnte.

Aber warum legen so viele Menschen auf der ganzen weiten Welt so viel Wert auf das äußerliche Erscheinungsbild? Nicht nur auf das eigene äußerliche Erscheinungsbild, sondern auch auf das äußerliche Erscheinungsbild der anderen Menschen?

Das Schöne für mich als Autor dieses Buches ist an dieser Stelle: Ich werde Ihnen nicht beantworten, warum so viele Menschen so viel Wert auf das eigene äußerliche Erscheinungsbild und auf das äußerliche Erscheinungsbild der anderen Menschen legen. Aber ich werde Ihnen beantworten, warum sie das nicht tun sollten!

Und somit kommen wir nun zur wichtigsten Frage in diesem Buch: Wer darf eigentlich bestimmen, welche Frau die schönste Frau ist? Oder noch eine andere Formulierung dieser so wichtigen Frage: Auf wen sollte man hören bezüglich der Definition davon, welche Frau die schönste Frau ist? Und ich kann Ihnen beide Fragen mit demselben und nur einem Wort beantworten: Gott.

Es ist einzig und allein Gott, auf den bei diesen Fragen zu hören ist. Ich werde Ihnen die Details dieses Kontexts auf den folgenden Seiten natürlich noch viel genauer erklären und verständlicher machen.

Dafür muss ich, um ein exaktes Verständnis dieser Erklärung zu ermöglichen, noch eine umfangreiche Erklärungsbasis schaffen: Es gibt auf dieser Welt verschiedene Glaubensgemeinschaften. Es gibt zum Beispiel die Christen des Christentums, die Moslems des Islam, die Hindus des Hinduismus, die Buddhisten des Buddhismus, die Juden des Judentums usw. (Das sind Beispiele von verschiedenen weltlichen Glaubensgemeinschaften. Alle weltlichen Glaubensgemeinschaften sind hier nicht genannt. Es geht mit dieser Aufzählung darum, hier einfach einen bestimmten Sinn verstehen zu können, der alle weltlichen Religionen impliziert.)

All diese Glaubensgemeinschaften haben einen anderen Namen für Gott. Im Christentum lautet dieser Name Gott. Der islamische Name für Gott ist Allah. Da der Hinduismus ein sogenannter Religionskomplex ist, also verschiedene religiöse bzw. spirituelle Strömungen vereint, lauten bekannte hinduistische Namen für Gott Brahma, Vishnu oder Shiva. Der zentrale göttliche Begriff im Buddhismus lautet Buddha. Der jüdische Name für Gott lautet Adonai (Jahwe).

Fällt Ihnen etwas beim folgenden Wort auf?

⇨ Glaubensgemeinschaft.

Für mich setzt sich dieses Wort aus zwei Wörtern zusammen: Glaube und Gemeinschaft.

Eine Gemeinschaft (meine eigene Definition) ist eine Gruppe von Menschen, die ein gemeinsames Interesse an einer bestimmten gemeinsamen Zugehörigkeit, beispielsweise zu einer bestimmten Religion, haben. Die Menschen einer Glaubensgemeinschaft wollen also normalerweise in dieser Gemeinschaft zusammen sein (als Mitglieder). Eine Glaubensgemeinschaft ist dann eine Gemeinschaft, eine bestimmte Anzahl von Menschen, die den gleichen Glauben haben. Weltweit gibt es, wie schon erwähnt, verschiedene Glaubensgemeinschaften.

Oben im Himmel ist Gott. Die Menschen und die Glaubensgemeinschaften sind herunten auf der Erde. Für Gott gehören diese Glaubensgemeinschaften aber natürlich alle zusammen. Dafür gibt es eine ganz einfache Erklärung: In jeder Religion wissen die wahrhaft gläubigen Menschen der jeweiligen Glaubensgemeinschaften, dass man ein guter Mensch sein soll. Und das impliziert in jeder weltlichen Glaubensgemeinschaft, dass man auch gut zu anderen Menschen sein soll, also seine Mitmenschen lieben soll. Das findet man in allen Glaubensbüchern der verschiedenen Weltreligionen. Dieser Wille Gottes, egal ob im Christentum, im Islam, im Hinduismus, im Buddhismus, im Judentum und in allen anderen weltlichen Religionen, hört natürlich NICHT innerhalb der eigenen Glaubensgemeinschaft auf. Er gilt für alle Gläubigen aller Glaubensgemeinschaften, für jeden einzelnen Menschen auf der ganzen weiten Welt. Zum Beispiel steht in der Bibel, im christlichen Glaubensbuch: Du sollst deinen Nächsten lieben wie dich selbst. (Es steht nicht in der Bibel: Du sollst deinen Nächsten nur dann lieben, wenn er zur selben Glaubensgemeinschaft gehört und sonst nicht.) Ich bezeichne diese Eigenschaft als Nächstenliebe. Und da man diese Eigenschaft in allen weltlichen Glaubensgemeinschaften kennt, welche in jeder weltlichen Religion als eine der wichtigsten menschlichen Eigenschaften bekannt ist, lässt sich meines Erachtens relativ einfach schlussfolgern, dass die verschiedenen Glaubensgemeinschaften auf der Erde im Wesentlichen miteinander verbunden sind bzw. auf eine liebevolle Art und Weise zusammengehören.

Ich möchte Ihnen zu dieser so wichtigen Thematik, die weltweit von großer Bedeutung ist, eine Geschichte erzählen, die mit dem folgenden Bild und mit bestimmten persönlichen Erlebnissen von mir etwas zu tun hat.

Waren Sie schon einmal in einem Gebetsraum eines Flughafens? Sie können auf dem Bild, das zu dieser Geschichte gehört, so einen Gebetsraum an einem bestimmten europäischen Flughafen sehen. In sehr vielen Flughäfen weltweit gibt es so einen Gebetsraum, das ist zum Glück an vielen dieser Orte ganz normal. Auf dem Bild können Sie, in der Raummitte dieses Gebetsraums, einen Tisch sehen, mit verschiedenen Büchern darauf. Das sind verschiedene Glaubensbücher, wie zum Beispiel die Bibel, der Koran oder die Tora. Es dürfen in so einen Gebetsraum ALLE Menschen hineingehen und dort beten. Es ist absolut unabhängig davon, welcher Religion man angehört. Ich persönlich mag allgemein die Atmosphäre eines Flughafens sehr. Ehrlich gesagt, ich habe an einem Flughafen, zumindest bis jetzt zum Glück, noch nie einen wütenden Menschen erlebt. Ich denke, dass die Menschen sich an Flughäfen relativ ordentlich verhalten, weil es Ihnen, wenn Sie dort sein können, meistens wegen einer Reise, relativ gut geht. Und ich denke auch, dass das so ist, weil sich die Menschen dann, zumindest für eine bestimmte Zeit, frei fühlen. Wenn man zum Beispiel jemanden zum Flughafen bringt, der vereist, und man verreist selbst nicht, kann das für gewisse Menschen schwierig sein. Manche machen sich Sorgen um den anderen, den man wegen einer Reise zum Flughafen bringt, manche haben auch Angst und darum leider nicht nur Freude. Ich war schon oft in so einem Flughafen-Gebetsraum und habe dort schon die verschiedensten Menschen getroffen. Und dass man in so einem Gebetsraum den gegenseitigen Respekt der Menschen, unabhängig von der Religionszugehörigkeit, so erleben darf, weil wir ja alle zusammengehören (sollten), ist für mich immer wieder aufs Neue schön zu erleben. Und darum erlebe ich an so einem Ort auch immer wieder den Beweis, dass all diese gläubigen Menschen, die sich dort treffen, von all den verschiedenen Religionen, einfach (irgendwie) zusammengehören. Christen – mit Moslems – mit Hindus – mit Buddhisten – mit Juden usw.! Für mich ist ganz klar, dass die verschiedenen weltlichen Glaubensgemeinschaften miteinander in respektvoller und liebevoller Verbindung stehen. Und ich weiß zum Glück, dass das für viele andere Menschen auf der großen, weiten Welt auch ganz klar so ist.

Bezüglich dieses Kontexts möchte ich Ihnen in einer weiteren Geschichte ein besonders schönes Erlebnis schildern, das ich persönlich an einem bestimmten Adventsonntag gemacht habe. Ich bin an diesem besagten Sonntag am Nachmittag in einer Stadt an einer Weihnachtskrippe vorbeigegangen, diese Weihnachtskrippe können Sie auf dem folgenden Bild sehen:

Ich habe an dieser Weihnachtskrippe vor der Glasscheibe, hinter der sich die Krippe befand, eine offensichtlich muslimische Frau stehen sehen, ich erkannte das an ihrer Kleidung und ihrem Kopftuch. Sie hat das Krippenbild eine Weile angesehen, sie ist an dem Glas entlang ein bisschen hin und her gegangen. Vom Alter her schätze ich, sie war kaum älter als 50 Jahre. In einer Hand trug sie eine etwas größere Tasche. Sie ist dann von dort wieder weggegangen. Da ich als Mensch natürlich nicht alles wissen kann, hat mich interessiert (auf eine erfreuliche Art und Weise), warum genau sie als Muslima das christliche Krippenbild betrachtet. Ich hatte dann die Idee, eventuell zu versuchen, sie kurz anzusprechen, was mir zum Glück dann auch gelungen ist und gut gepasst hat. Ich war also schon etwas näher bei dieser

Frau und sagte dann zu ihr: „Entschuldigung!?" Sie schaute mich an und sagte freundlich zu mir: „Ja." Dann sagte ich: „Darf ich dich bitte einfach kurz was fragen?" Sie antwortete mir wieder freundlich: „Ja, sicher." Ich sagte: „Okay, danke schön. Also darf ich dich bitte fragen, du bist ja Muslima, richtig? Also du bist der islamischen Glaubensgemeinschaft zugehörig, oder?" Sie antwortete mir: „Ja genau, richtig." Ich fragte ganz harmonisch weiters: „Darf ich dich dann fragen, einfach so, warum genau interessiert dich als Muslima das christliche Krippenbild?" Und die großartige Antwort, die sie mir dann gab, war der Grund für mich, dieses Beispiel hier in diesem Buch zu verschriftlichen! Denn sie sagte dann zu mir: „Ja, das Krippenbild ist nicht von meiner Glaubensgemeinschaft, aber (dann deutete sie mit ihrer freien Hand auf den Himmel nach oben, mit der anderen Hand hielt sie ja ihre Tasche) es ist ein Gott da oben!" Dann wiederholte sie und sagte weiters: „Es ist ein Gott und man muss jede andere Glaubensgemeinschaft respektieren!!!" Ich habe mich so darüber gefreut, dass sie das und wie sie das zu mir gesagt hat. Wir haben dann noch ein bisschen weitergeredet und uns dann freundlich voneinander verabschiedet.

Ich habe in meinem Leben auch in anderen Gesprächen anderer Menschen immer wieder von dieser überzeugten, liebevoll verbindenden Glaubenseinstellung reden gehört. Ich durfte also schon öfter persönlich erleben, dass auch andere Menschen selbstverständlich an die Gemeinschaft der verschiedenen weltlichen Glaubensgemeinschaften glauben! Und ich bin mir sicher, dass das sogar die meisten Menschen auf der ganzen weiten Welt betrifft. Und auch diese Zeilen haben natürlich etwas mit dem Titel dieses Buches zu tun.

Ich möchte mit diesen zwei, für mich sehr schönen Beispielen einfach bekräftigen, was ich über die liebevollen Verbindungen der verschiedenen weltlichen Glaubensgemeinschaften vermitteln will.

Ich habe nun versucht, für Sie eine gut verstehbare Erklärungsbasis zu schaffen, damit ich Ihnen nun die wichtigste Frage in diesem Buch relativ einfach beantworten kann. Auf Seite 25 habe ich sie bereits genannt: Wer darf eigentlich bestimmen, welche Frau die schönste Frau ist? Oder anders formuliert: Auf wen sollte man hören bezüglich der Definition davon, welche Frau die schönste Frau ist? Und die Antwort auf diese Frage(n) kennen Sie bereits: Es ist einzig und allein GOTT, auf den bei diesen Fragen zu hören ist! Mit der von mir zuvor detailliert erläuterten Erklärungsbasis erhalten Sie nun auf die wichtigste Frage dieses Buches auch eine detaillierte Antwort von mir. Um diese Frage überhaupt beantworten zu können, muss ich diesbezüglich natürlich selbst in einem Glaubensbuch nach Antworten suchen. Ich verwende dafür das christliche Glaubensbuch, die Bibel. Das mache ich, weil ich in einer christlichen Glaubensgemeinschaft aufgewachsen bin und darum mit dem christlichen Glaubensbuch, der Bibel, am vertrautesten bin. Sie können aber natürlich in anderen Glaubensbüchern (zum Beispiel im Koran oder in der Tora) nach ähnlichen Inhalten suchen, welche nun für Sie (aus der Bibel) folgen werden, und werden diese dort auch jeweils auf ähnliche Art und Weise finden. Wie ich es Ihnen bereits erklärt habe, stehen die verschiedenen weltlichen Glaubensgemeinschaften miteinander in Verbindung, es lassen sich also auch ähnliche Inhalte in den verschiedenen Glaubensbüchern finden.

Was alles möchte ich Ihnen nun aus der Bibel über die schönste Frau nennen?

Lassen Sie mich beginnen mit einem sehr eindrucksvollen Vers, das ist nur ein einziger Satz, welcher der oberflächlichen gegenwärtigen Gesellschaft an so vielen Orten und in so vielen Denkweisen und Handlungen weltweit komplett widerspricht:

Bereits im Alten Testament gibt es ein Buch (die Bibel besteht aus mehreren Büchern, sozusagen einer Sammlung von Büchern) mit dem Namen Jesus Sirach, wo geschrieben steht (Kapitel 11, Vers 2):

Lobe keinen Menschen seiner Schönheit wegen und verachte niemanden wegen seiner Unansehnlichkeit!

Allein dieser eine Satz widerspricht schon so vielen Details davon, dass sich ein Mensch, geschlechtsunabhängig, hauptsächlich um sein äußeres Erscheinungsbild kümmern sollte und dass die Menschen, Frauen so wie Männer, die das aber trotzdem tun, darum auch definitiv NICHT die Beachtung dafür bekommen sollten, was aber tagtäglich abertausende Male auf dieser Welt passiert, in Zukunft aber (auch wegen dieses Buchs) hoffentlich zumindest viel weniger oft passiert.

Und dieser nur eine, aus der Bibel zitierte Satz hätte für mich bereits das Potential, ein eigenes Buch zu schreiben, über so viele Missstände auf dieser Welt, die es gibt, weil diese Vorgabe von Gott viel zu wenig befolgt wird. Aber das Thema dieses Buches ist die schönste Frau, darum führe ich dieses Thema weiter aus.

Es folgt bereits etwas Weiteres aus der Bibel. In der Bibel gibt es sogar in einem Kapitel eine eigene Überschrift, die lautet: **Die gute Frau!** (Buch Jesus Sirach, Kapitel 26) Dort steht geschrieben (Vers 1–4):

„Eine gute Frau – wie glücklich ist ihr Mann, und seiner Tage Zahl verdoppelt sich. Die wackere (das ist ein veraltetes Wort für: ordentlich, ehrlich und anständig) Frau pflegt sorgsam ihren Mann, und er erreicht in Frieden seiner Jahre Vollzahl. Ein gutes Brautgeschenk ist eine gute Frau, wer gottesfürchtig ist, erhält sie zum Besitz. Ob arm, ob reich, das Herz ist froh, das Antlitz allzeit heiter." (Als Ergänzung von mir: Ein Mann kann eine Frau natürlich NIEMALS besitzen wie ein Eigentum!!! Das allein nur zu denken, wäre absolut falsch! Es geht hier um die Sinnhaftigkeit des Geschriebenen von früher, darum habe ich dies für Sie ident so aus der Bibel übernommen!)

Im selben Kapitel steht weiters geschrieben (Vers 13–15):

„Die Anmut (Harmonie, Grazie) einer Frau erquickt den Mann, und ihre Klugheit ist ein Labsal (das ist etwas, was jemanden erfrischt) seinen Gliedern. Vom Herrn geschenkt ist eine Frau, die schweigsam (nicht geschwätzig) ist; kein Preis genügt für eine zuchterfüllte Frau. Anmut über Anmut ist die keusche Frau; kein Wert reicht an die Seele, die enthaltsam ist."

Ich möchte Ihnen noch eine weitere Bibelstelle zeigen, die für dieses Buch wichtig ist. Man findet die Stelle im Alten Testament, im Buch Jesus Sirach, Kapitel 7, Vers 19. Diese lautet: „Verachte nimmer eine kluge Frau, denn **edler Anmut Wert** geht über Perlen!" (Ergänzung von mir: In diesem Satz steht es schwarz auf weiß: Der edle Anmut Wert einer Frau, also ihre Art, welche ihrem Charakter entspricht, [hier steht nicht: ihr Aussehen!] geht über Perlen!)

Wir haben als Menschen ziemlich großes Glück, denn Gott lässt uns Menschen, Frauen so wie Männer, die Vorgaben wissen, welche er für uns bestimmt hat. Die Menschen müssen nicht umherirren und danach suchen und suchen und suchen, was sie tun sollen und was nicht. Es gibt von Gott klar definierte Vorgaben und diese Vorgaben sollen eigehalten werden. So einfach ist das. Aber wenn viele Menschen das nicht wissen und/oder nicht tun, was Gott den Menschen als Vorgaben für ihre Leben sozusagen aufgetragen (vorgegeben) hat, oder es ihnen egal ist, dann kann es auf der Welt gar nicht so harmonisch und lebenswert sein, wie Gott das für uns Menschen aber möchte. Darum hat er Vorgaben gemacht, damit die Menschen auf der Erde miteinander in Gemeinsamkeit, Frieden und Harmonie leben können. Gott möchte natürlich, dass es allen Menschen auf der Welt so gut wie möglich geht. Je mehr Menschen sich bemühen, so zu leben, wie Gott es für die Menschen bestimmt hat, desto mehr Menschen wird es weltweit geben, denen es gut gehen kann.

Je mehr Frauen sich weltweit bemühen, so zu leben, wie Gott es für sie bestimmt hat, desto mehr glückliche Frauen kann es auf dieser Welt geben! Denn Gott will ja, dass es allen Menschen auf der Welt gut geht und nicht nur verhältnismäßig wenigen!

Was jeder einzelne Mensch also machen muss, ist, sich darum zu kümmern, was Gottes Wille für das jeweils eigene Leben ist. Und das kann man nur herausfinden, wenn man sich mit einem Glaubensbuch beschäftigt. Da findet man Antworten auf eigentlich ALLE Fragen!

Und es gibt die Stelle in einem Glaubensbuch nicht, wo in etwa steht: Eine Frau soll sich um ihr äußerliches Erscheinungsbild kümmern, ihre Charaktereigenschaften sind unwichtig. Aber umgekehrt findet man oft, dass die Charaktereigenschaften wichtig sind (wie beispielsweise in den vorher zitierten Versen des Bibelkapitels: Die gute Frau!) und nicht das äußerliche Erscheinungsbild! Das allein sollte schon Erklärung genug sein, dass die wahre Schönheit einer Frau ihre liebevollen Charaktereigenschaften betrifft! Denn das ist das, was für Gott zählt. Und am Ende eines menschlichen Lebens zählt es, wie man gelebt hat (also gut oder schlecht, ob man ein guter Mensch war auf dieser Welt oder ob man kein guter Mensch war auf dieser Welt!) und nicht, wie man ausgesehen hat! Und darum sollte es auch für uns Menschen zählen, wie es zum Beispiel im christlichen Glaubensbuch, in der Bibel, geschrieben steht!

Welche Frau ist also die schönste Frau? Die schönste Frau ist die Frau, die in ihrem Herzen am schönsten ist. Die schönste Frau ist darum auch die Frau, die gar nicht so viel Wert auf ihr äußeres Erscheinungsbild legt, weil sie weiß, dass sich die wahre Schönheit von ihr sowieso nur in ihrem Herzen befinden kann.

Wenn die schönste Frau die Frau wäre, die „die perfekten Körpermaße" hätte, dann dürften sich etwas übergewichtige Frauen, kleinere Frauen, Mütter von Kindern, ältere Frauen, alte Frauen usw. nicht wirklich als schön betrachten. Dass das lächerlich ist, brauche ich hoffentlich an dieser Stelle des Buches nicht mehr genauer erklären! Es stimmt einfach nicht.

In diesem Zusammenhang muss ich nun noch etwas Wichtiges erklären: Wenn man nicht auf Gott bei solchen wichtigen Fragen hört, man aber auf irgendwelche anderen Menschen hört, auf Menschen, die eigenmächtig zum Beispiel solche Schönheitsideale usw. kreiert haben, dann erlaubt man somit auch irgendwelchen anderen Menschen, dass sie gewissermaßen über das eigene Leben bestimmen. Und wozu man damit (mit dieser Erlaubnis) dann aber auch zustimmt, ist, dass man sich sozusagen dazu bekennt, dass die Meinung von irgendwelchen anderen Menschen mehr zählt als die eigene Meinung, weil sonst würde man nicht einem Ideal nachjagen, welches irgendwelche anderen Menschen erfunden haben.

Gott hat für Frauen genauso wie für Männer bestimmte **Verhaltensweisen** (!) festgelegt. Wie ich es zuvor schon in anderen Worten genannt habe, es steht nirgendwo in einem Glaubensbuch, wie zum Beispiel in der Bibel, geschrieben, dass die Aufgabe einer Frau ist, ihr äußeres Erscheinungsbild zu priorisieren. Es steht auch nirgendwo in einem Glaubensbuch, wie zum Beispiel in der Bibel, geschrieben, dass eine Frau die Körpermaße 90-60-90 haben sollte.

Für mich ist es wirklich sehr schlimm, dass viele sehr hübsche Frauen weltweit mit ihrem Aussehen unzufrieden sind, nur weil sie auf bestimmte falsche Meinungen Wert legen und dass sie das dann sogar in einer wirklich schlimmen Art und Weise unglücklich macht. Je mehr solche Frauen auf das Wert legen, was wirklich zählt und auch stimmt, desto freier wird es sie machen, was das vorherrschende Stereotyp der Frau heutzutage betrifft. Solchen Frauen wird es dann in Zukunft gelingen, über vieles zu schmunzeln oder sogar zu lachen, was bestimmte angebliche „Wichtigkeiten" dieses Stereotyps betrifft. Sie werden verstehen, dass das ziemlicher, eigentlich kompletter Blödsinn ist. Eine Frau ist dann wirklich schön, wenn das, was sie in ihrem Herzen trägt, das Richtige ist. Und was das Richtige ist, das kann man wiederum einzig und allein von dem erfahren, der einem das Leben geschenkt hat, Gott. Ich glaube: Manche Menschen wissen das. Aber ich glaube auch, relativ viele Menschen wissen das leider nicht. Viele Probleme im Leben eines Menschen können nur wirklich gelöst werden, wenn man sich Gott zuwendet und danach fragt, was Gott bezüglich diesem oder jenem von einem möchte, also dass man versucht herauszufinden, was Gott von einem möchte, das man in den verschiedensten Lebenssituationen tut. Ein relativ einfacher Weg, das immer wieder aufs Neue herauszufinden, ist, in einem seiner Glaubensbücher nach Antworten zu suchen.

Für alle Menschen, die das in ihren Leben bis jetzt vielleicht sogar noch nie oder nur ganz selten gemacht haben, gibt es eine sehr ermutigende und tolle Nachricht: Gott gibt jedem einzelnen Menschen auf dieser Welt nicht nur eine, sondern viele Chancen. Ja, kein Thema, in unterschiedlichem Ausmaß. Aber sobald man sich Gott zuwendet, hilft er einem. Das bedeutet zum Beispiel, auch wenn man bis jetzt in seinem Leben viel gemacht hat, was falsch war, was zum Beispiel eigentlich immer nur dem eigenen Vorteil gegolten hat und gegen andere war, von Gott bekommt man auch dann trotzdem eine neue Chance, das Richtige zu tun, wenn man sich wirklich darum bemüht! Das ist so, weil Gott so viel Liebe und Güte für uns Menschen hat und weil er an uns glaubt! Das ist an dieser Stelle so wichtig zu erklären, weil dieses Buch einiges mit Gott zu tun hat, wie Sie schon wissen, unabhängig von einer bestimmten Glaubensrichtung oder Glaubensgemeinschaft. Es gibt leider auch Menschen, die so wenig von einer Religion verstanden haben oder Inhalte einer Religion so unfassbar falsch verstanden haben und denken, dass sie andersgläubige Menschen, auch anderer Glaubensrichtungen, anfeinden müssten. Nichts davon steht in der Bibel, im Koran, in der Tora oder in einem anderen „gottesgetreuen" Glaubensbuch der Welt.

Es gibt zum Glück genug Menschen, die ebenfalls eine wie ich aufgeschlossene, tolerante und harmonische religiöse Einstellung besitzen. Trotzdem ist es wichtig, das wieder und wieder und wieder zu sagen oder zu schreiben oder anderweitig irgendwie zu nennen, auch damit diejenigen, die unfassbarer Weise bis jetzt noch nicht begriffen haben, dass wir in Frieden miteinander auf dieser Welt leben sollen, das (zumindest) hoffentlich irgendwann einmal auch verstehen lernen! Das bedeutet dann nämlich nicht nur für diese Menschen ein besseres Leben, sondern automatisch auch für viele andere Menschen weltweit!

Wie wäre diese Welt, wenn nicht viele Menschen (es sind zum Glück eh die allermeisten!) im Besitz dieser ordentlichen Einstellung wären, in dieser heutigen multikulturellen Zeit!?!!

Ich möchte Ihnen mit dem folgenden, einfachen Beispiel, mit einer kurzen Geschichte von vier jungen, erwachsenen, befreundeten Frauen zeigen, wie wichtig bereits im eher Kleinen diese respektvolle, aufgeschlossene, tolerante und harmonische

Einstellung ist und welch große Reichweite und große Auswirkung diese ordentliche Einstellung bereits im eher Kleinen hat.

Magdalena, Saida, Leora und Hao sind vier junge erwachsene Frauen, die alle in derselben Großstadt leben. Sie sind zwischen 22 und 29 Jahre alt und sind befreundet. Wie sie sich kennengelernt haben? Ihre Kinder gehen schon seit einem halben Jahr in denselben Kindergarten. Magdalena ist der christlichen Glaubensgemeinschaft zugehörig, Saida ist der islamischen Glaubensgemeinschaft zugehörig, Leora ist der jüdischen Glaubensgemeinschaft zugehörig und Hao ist der buddhistischen Glaubensgemeinschaft zugehörig. Alle vier jungen Frauen versuchen, ihren Kindern eine aufgeschlossene, tolerante und harmonische religiöse Einstellung beizubringen, welche sie auch selbst besitzen. Die Freundschaft der vier jungen Frauen sowie deren Kindern und deren Familien wäre nicht möglich, wenn die vier jungen Frauen nicht von Anfang an die unterschiedlichen religiösen Werte voneinander vorbildlich respektiert und toleriert hätten. Allein schon in dieser kleineren Gruppe von Menschen (vier Familien und deren Freunde!) wäre ein ordentliches, liebevolles und schönes Miteinander/Zusammenleben ohne diese Einstellung nicht möglich. Dieses Beispiel soll Ihnen verständlich machen, wie wichtig es schon im Kleinen ist, sich gegenseitig zu respektieren und zu tolerieren.

Und warum machen diese vier jungen, erwachsenen Frauen das so? Sie machen es aus Liebe. Sie machen es aus Liebe zu ihren Kindern und sie machen es aus Liebe zu ihren Mitmenschen, also füreinander sowie jeweils für sich selbst. Das gemeinschaftliche Verhalten aller vier erwachsenen jungen Frauen ermöglicht es ihren Kindern, miteinander befreundet zu sein. Würden sich die vier Mütter gegenseitig nur wegen ihrer unterschiedlich zugehörigen Glaubensgemeinschaften ablehnen, wäre die Situation für die Freundschaft ihrer Kinder und auch die Freundschaft der vier Familien, außerhalb des Kindergartens, bereits eine komplett andere/viel schlechtere!

Es ist mir so wichtig, dieses Beispiel zu nennen, weil es auf eine so gute und einfache Art und Weise zeigt, dass es einfach falsch wäre, sich gegenseitig persönlich abzulehnen oder sogar zu diskriminieren, nur weil man einer anderen religiösen Glaubensgemeinschaft zugehörig ist!

Ich habe es vorher schon genannt, die vier Mütter machen es aus Liebe und somit tun sie das Richtige! Sie handeln so, wie Gott es von ihnen möchte, unabhängig davon, welcher Glaubensgemeinschaft sie jeweils zugehörig sind.

Und natürlich zeigt so ein Verhalten auch die wahre Schönheit einer Frau. Denn das, was einen Menschen wirklich schön macht, sind die schönen inneren Werte eines Menschen. In diesem Buch finden Sie dazu mehrere Erklärungsvarianten!

Das Folgende ist sicher: Wenn wir Menschen uns mehr darum kümmern, was Gott von uns möchte, dann kann sich viel verändern und somit auch verbessern. Und es gibt etwas, das wirklich jeder einzelne Mensch zumindest im Kleinen machen kann. Jeder einzelne Mensch kann nämlich im Kleinen das Richtige tun, was durch das vorherige Beispiel der vier Mütter Magdalena, Saida, Leora und Hao verdeutlicht werden sollte. Und je mehr Menschen jeweils das Richtige tun (und wenn es auch nur im eher Kleinen ist), desto einfacher wird es natürlich für alle gemeinsam. So einfach ist das.

Eine Sache dieses Buches für mich ist eine sehr spezielle: Ich muss nicht einmal nennen, in welchem Land ich lebe und woher ich komme. Und ich muss mich auch nicht auf die Frauen meines Herkunftslandes beziehen. Es wäre egal, in welchem Land der Welt dieses Buch publiziert werden würde, die Grundthematik dieses Buches wird an sehr vielen Orten dieser Welt verstanden. Ich hatte das Glück, dass ich schon in mehreren Ländern der Welt sein durfte, sogar auf mehreren Kontinenten. Was ich definitiv sagen kann, ist, dass es unabhängig von Land und Kontinent sehr viele Frauen gibt, die mit ihrem Aussehen unzufrieden sind. Und viele dieser Frauen sind wirklich sehr hübsche Frauen. Nur eines haben die meisten dieser Frauen gemeinsam: Sie legen auf das Falsche Wert. Und genau das ist das Problem. Sie legen so viel Wert auf dieses „scheinperfekte", komplett oberflächliche Ideal (90-60-90 mit allem, was dazu gehört, wie zum Beispiel Beauty-/Kosmetikprodukte usw.!), das von irgendwelchen Menschen irgendwann einmal erfunden wurde (die sich meiner Meinung nach damit einfach nur selbstverwirklichen wollten!), anstatt darauf viel Wert zu legen, was Gott für die Menschen, für ein gutes menschliches Leben, bestimmt hat. Ich möchte mit diesen Zeilen natürlich all diese Frauen keinesfalls in einer negativen Art und Weise kritisieren! Aber ich möchte den Frauen, die schon seit vielen Jahren unglücklich sind, mit diesem Buch als Basis zeigen, was sie ändern müssen, damit sie glücklich(er) werden können. Denn in einem „normalen" Leben, wenn man alltäglich Stress am Arbeitsplatz erlebt, wenn man sich um seinen Nachwuchs, um eigene Kinder kümmert, wenn man eventuell Eltern hat, die schon älter sind und für die man da sein möchte, wenn man vielleicht sogar mehrere Freunde hat, für die man in den verschiedensten Lebenssituationen immer wieder da ist usw., dann ist in so einem „normalen" Leben mit größter Wahrscheinlichkeit **SO VIELES SO ANDERS**, als es auf irgendwelchen Prospekten, Plakaten, in gewissen Magazinen oder in gewissen Werbungen als wünschenswert dargestellt/gezeigt wird!

Und dass es nicht erstrebenswert ist, solchen Idealen nachzujagen, das habe ich für Sie in diesem Buch bereits sehr ausführlich erläutert.

Genau an dieser Stelle komme ich jetzt zur weiteren Ausführung einer bestimmten Erwähnung, die ich bereits gemacht habe. Ich habe auf Seite 6 genannt, dass sich ein kritischer Mensch die Frage stellen könnte: Wofür sind die Idealmaße 90-60-90 ideal? Diese Frage möchte ich Ihnen jetzt detailliert beantworten. Diese körperlichen Maße sind meiner Meinung nach ideal dafür, dass sich viele Frauen fremdbestimmen lassen. Denn was das Schönheitsideal der Frau betrifft, da geht es darum, dass man als Frau **soll und soll und soll!** Man soll diese bestimmten körperlichen Idealmaße haben. Man soll all diese Beauty-/Kosmetikprodukte kaufen. Dazu gehört meines Erachtens aber noch viel mehr. Man soll sich auch all diese Kleider kaufen. Man soll sich all diese Hosen kaufen. Man soll sich all diese Oberteile kaufen. Man soll sich all diese Jacken kaufen. Man soll sich all diese Schuhe kaufen. Man soll sich all diesen Schmuck kaufen. Man soll sich all diese Accessoires kaufen. Und das Geld dafür regnet es ja vom Himmel herab …!

Folgende Frage an Sie: Wenn Sie diese Zeilen lesen, in denen es darum geht, was eine Frau alles soll und soll und soll, kommt es Ihnen da so vor, dass all das, was eine Frau soll, auch darauf ausgelegt ist, dass eine Frau damit auch glücklich werden kann?

Klar, als Frau könnten Sie jetzt auf diese Frage antworten: „Naja, wenn ich all das habe, dann geht's mir sicher gut." Aber wie realistisch ist es, dass Sie all das haben können? Also im ECHTEN Leben und nicht nur in einer Wunschvorstellung! Wenn die Definition so wäre, dass eine Frau glücklich ist/sein kann, sobald sie all das hat, dann müsste jede einzelne Frau allein schon einmal vom Platz her, wenn man sich das REALISTISCH/IN ECHT vorstellt, einen Palast besitzen. Wie realistisch ist das für Sie? Wieder IN ECHT und nicht nur in einer Wunschvorstellung! Richtig, es ist absolut unrealistisch!

Der große Unterschied zwischen all dem, was meines Erachtens dieses lächerliche Schönheitsideal und all diese Sachen betrifft, und dem, was ich Ihnen mittels dieses Buches ans Herz legen möchte, ist: Wenn Sie sich in Ihrem Leben darum kümmern, was Gott von Ihnen will, dann brauchen Sie all diese Sachen nicht mehr, um eventuell glücklich werden zu können. Dann kaufen Sie sich die Sachen, die SIE sich kaufen möchten, die für Sie leistbar sind und damit geht es Ihnen gut! Und all das, was Sie sich laut Meinungen anderer alles kaufen *sollten*, das ist Ihnen dann in einer selbstbewussten, heiteren und befreiten Art und Weise sowas von komplett egal.

Das, was Sie persönlich denken, also auch das, was Sie persönlich denken, dass Sie sollen, das ist ja in Ihrem Kopf. Und wenn Sie es geschafft haben, so zu sein, dass Sie sich nicht mehr darum kümmern, was Sie alles sollen, sondern sich darum kümmern, was **SIE möchten**, dann werden Sie von all diesem Sollen **FREI SEIN!!!** Und dafür, für diese Art von Freiheit, brauchen

Sie auch kein Geld! Noch ein Sollen weniger: Es ist irrelevant, dass Sie Geld für all diese unzähligen Sachen haben *sollen.*

In diesem Zusammenhang eine wichtige Erinnerung für Sie:

| Eigenbestimmung | Fremdbestimmung |

Gott hat jede Frau, auch jeden Mann, so erschaffen, wie Gott das wollte. Für Gott ist es wichtig, wie man lebt und nicht wie man aussieht. Darum ist meiner Meinung nach Aussehen natürlich etwas, das man grundsätzlich von Gott bekommen hat. Und ja, man kann definitiv am eigenen Aussehen gewissermaßen arbeiten. ABER: Wenn man das macht, dann sollte man das einzig und allein für sich selbst machen, weil man das selbst so möchte. Und definitiv nicht, weil das eventuell irgendjemand anderer von einem erwartet oder erwarten könnte! Ich möchte Sie an dieser Stelle an die Punkte erinnern, die ich bereits auf Seite 9 genannt habe, als ich erwähnt habe (detaillierte Erklärung davon auf den Seiten 10 und 11), was Sie beispielsweise alles nicht brauchen (Mitgliedschaften und Trainingspläne in Fitnessstudios; Abnehmprodukte; bestimmte Leckereien nicht mehr essen dürfen, die Sie aber eigentlich essen wollen; kleinere Konfektionsgröße). Ich hoffe, es ist Ihnen nun sowieso bereits klar, wie das von mir genau gemeint ist. Egal um welches Produkt o. Ä. es geht, es geht jeweils ausschließlich um **Ihr Interesse** daran, dass SIE aus eigenem Wunsch daran interessiert sind und nicht, dass Sie zum Beispiel wegen irgendeiner öffentlichen Meinung daran interessiert sein *SOLLEN.*

Wie ein erwachsener Mensch aussieht, entscheidet dieser erwachsene Mensch schon mal sowieso nicht nur allein. Und dieses Wissen zu besitzen, ist SEHR wichtig. Ich habe auf Seite 8 in diesem Buch bereits genannt, dass viele Frauen die Körpermaße 90-60-90 gar nicht haben können, zum Beispiel weil das aufgrund ihrer genetischen Veranlagungen nicht möglich ist. Ich möchte nun eine genauere Erklärung dafür formulieren. Es ist zum Beispiel so, dass die Eltern eines Mädchens gewisse Ernährungsstandards haben, die bereits in Kinderjahren Einfluss auf dieses junge Mädchen haben. (Diese bestimmten Ernährungsstandards der Eltern haben diese eventuell auch früher irgendwann einmal durch ihre eigenen Eltern ähnlich erlebt.)

Was noch früher, vor der Geburt eines Kindes, eine definitive Relevanz hat, ist, dass ein Kind mütterlicherseits und väterlicherseits bestimmte Gene vererbt bekommt. Diese Gene haben bereits auch etwas mit dem Aussehen des Kindes zu tun. Sollten Sie den Begriff der Vererbungslehre, um den es hier geht, nicht kennen, möchte ich Ihnen diesen Begriff erläutern: Jeder Mensch bekommt von seiner Mutter und von seinem Vater bestimmte Gene vererbt. Das sind Erbanlagen, die einem von der Mutter und vom Vater weitergegeben werden. Diese Gene sind die Basis dafür, dass ein Kind, beispielsweise auch optisch, ähnliche Merkmale und Eigenschaften hat wie die Eltern des Kindes.

Es folgen nun zwei Beispiele, mit denen ich Ihnen diese Faktoren (Ernährungsstandards der Eltern und Vererbung der elterlichen Gene) verständlicher machen möchte.

Das erste Beispiel betrifft ein glückliches junges Ehepaar, Andrea und Bernd. Andrea arbeitet als Kellnerin in einem Café und Bernd arbeitet als Schichtmitarbeiter in einem Maschinen-Produktionsbetrieb. Bernd arbeitet daher regelmäßig auch in der Nacht, wenn er Nachtschicht hat.

Andrea hat als Kellnerin die Erlaubnis, manchmal nicht verkaufte Kuchen- und Tortenstücke mit nach Hause zu nehmen, auch für Bernd, was sie gerne macht. Beide essen regelmäßig und gerne Süßspeisen. Die Arbeit von Bernd im Maschinen-Produktionsbetrieb ist körperlich anstrengend. Deshalb muss er auch in der Nacht, wenn er Nachtschicht hat, regelmäßig einiges essen, um bei Kräften zu bleiben. Andrea und Bernd sind mit ihrem Aussehen zufrieden. Sie wissen, dass sie es mit dem regelmäßigen Essen von Süßspeisen aus gesundheitlichen Gründen nicht übertreiben sollen, sie haben das aber gemeinsam gut im Griff. Die beiden sind glücklich miteinander und dankbar für ihre guten Arbeitsplätze und vieles mehr in ihrem gemeinsamen Leben.

Andrea ist 170 cm groß und wiegt 64 Kilo. Bernd ist ein kräftig gebauter junger Mann, er ist 185 cm groß und wiegt 85 Kilo. Andrea und Bernd bekommen ein Baby. Die kleine Clara.

Durch die vorher erzählte Geschichte und die darin enthaltenen Informationen von Claras Eltern bzw. wegen bestimmter Essgewohnheiten von Andrea und Bernd wird es Sie jetzt nicht überraschen, dass Clara bis zu ihrem 20. Geburtstag immer wieder einmal gerne eine Süßspeise isst, also 20 Jahre lang, aufgrund der Vorliebe ihrer Eltern für Süßspeisen. Clara ist ein sehr hübsches Mädchen. Mit 20 Jahren ist sie als junge Frau 169 cm groß und wiegt 59 Kilo.

Das zweite Beispiel betrifft ein anderes glückliches junges Ehepaar, Carolin und Louis. Carolin ist Hauptschullehrerin. Sie unterrichtet Sport und Englisch. Louis hat eine IT-Ausbildung gemacht und arbeitet bei einem IT-Unternehmen in der Zentrale. Carolin hat Sport studiert, weil sie schon als Kind an Sport interessiert und sportlich aktiv war. Das verstärkte sich während ihrer Teenager-Zeit, verschiedenste Sportarten begeisterten sie einfach. Carolin hat sich als Teenager dann auch vermehrt Sportberichte im Fernsehen sowie verschiedene Übertragungen von Sportveranstaltungen angeschaut. Daher hat sie ab dieser Zeit auch versucht, sich ausgewogen und so gesund wie möglich zu ernähren, u. a. mehrmals pro Woche Obst und Gemüse zu essen, da sie durch die Fernsehberichte gelernt hat, dass das als Sportlerin gut ist. Diese Ernährungsgewohnheiten hat Carolin auch als junge Erwachsene während ihres Sport- und Englisch-Studiums fortgeführt. Carolin und Louis sind schon seit mehreren Jahren verheiratet. An die Ernährungsgewohnheiten von Carolin hat sich Louis schon vor vielen Jahren, zu Beginn ihrer Beziehung, angepasst, was ihm aber nicht schwergefallen ist, weil er auch schon immer sportliche Hobbys hatte. Und daher haben sich die zwei bezüglich ihrer Ernährungsgewohnheiten von Anfang an grundsätzlich gut ergänzt. Carolin isst nur selten Süßigkeiten. Louis manchmal. Carolin ist 167 cm groß und wiegt 54 Kilo. Louis ist 180 cm groß und wiegt 75 Kilo.

Carolin und Louis bekommen ein Baby. Die kleine Mia.
Durch die vorher erzählte Geschichte und die darin enthaltenen Informationen von Mias Eltern bzw. wegen bestimmter Essgewohnheiten von Carolin und Louis wird es Sie jetzt nicht überraschen, dass Mia, wegen der Ernährungsgewohnheiten ihrer Eltern, bereits als Kind eine recht gesunde und ausgewogene Ernährung beigebracht wurde. Das ging für Mia auch als Teenager so weiter. Mia ist ebenfalls ein sehr hübsches Mädchen. Mit 20 Jahren ist sie als junge Frau 165 cm groß und wiegt 49 Kilo. Mia ist sehr dünn.

Clara, die 20-jährige junge Frau aus dem ersten Beispiel, und Mia, die 20-jährige junge Frau aus dem zweiten Beispiel, haben sich, als sie beide 19 Jahre alt waren, kennengelernt. Die Eltern beider Mädchen konnten es ihren Töchtern ermöglichen, dass sie nach der Matura ein Universitätsstudium beginnen konnten und Clara und Mia haben sich am ersten Tag ihres Studiums, am Vorstellungstag, kennengelernt, weil sie beide dieselbe Fachrichtung gewählt haben.

Die beiden Mädchen sind von unterschiedlicher Herkunft und haben eine unterschiedliche Vergangenheit. Diesbezüglich möchte ich betonen, sie haben unterschiedliche Ernährungsgewohnheiten. Clara isst manchmal gerne eine Süßspeise. Mia isst wirklich nur sehr selten eine Süßspeise. Das ist ein Grund dafür, warum Mia schlanker ist als Clara. Ein anderer Grund dafür, warum sich Clara von Mia optisch unterscheidet, ist, dass sie von ihren Eltern bestimmte Gene in die Wiege gelegt bekommen hat, andere Gene als die bestimmten Gene, die Mia von ihren Eltern in die Wiege gelegt bekommen hat. (Das ist für Sie nun sowieso bereits verständlich, da die Vererbungslehre, um die es hier wieder geht, bereits auf Seite 42 für Sie erläutert wurde!)

Clara, mit 59 kg Körpergewicht, und Mia, mit 49 kg Körpergewicht, sind beide und zu Recht mit ihrem jeweiligen Aussehen zum Glück sehr zufrieden.

Wenn aber Clara beginnen würde, so aussehen zu wollen wie Mia, dann hätte das für Clara fatale Folgen.

Clara müsste viele ihrer Gewohnheiten, wie zum Beispiel gewisse Ernährungsgewohnheiten, ändern. Es kann aber sein, dass Clara diese bestimmten Gewohnheiten gar nicht ändern kann. Dafür gäbe es verschiedene Gründe. Zum Beispiel könnte es sein, dass sich Clara ein ambitioniertes Ziel gesetzt hat, bezüglich ihres Studienerfolgs, was mit regelmäßigem (Lern-)Stress verbunden ist und deshalb könnte Clara in ihrer Studienzeit stressbedingt gewisse Ernährungsgewohnheiten gar nicht ändern, da eine ordentliche Ernährung zur Basis ihrer eigenen Leistungsfähigkeit gehört! Der Fokus während ihrer Studienzeit liegt auf ihren Leistungen. Und was noch viel entscheidender ist: Clara müsste gegen ihre eigene Veranlagung, die sie als Baby in ihre Wiege gelegt bekommen hat, angehen bzw. ankämpfen. Und das würde für sie eine enorme Herausforderung bedeuten. (Welche auch stressbedingt wiederum im Widerspruch zum Fokus auf ihre Studienleistung stehen würde!)

Wenn aber Clara einfach nur den Wunsch hat, so dünn zu sein wie Mia, und das aber nicht schafft, weil es ihr nicht möglich ist, zum Beispiel bestimmte Ernährungsgewohnheiten zu ändern, dann wird sich in Claras Alltag, in Claras Leben eine gewisse Unzufriedenheit breitmachen, und das wahrscheinlich dann irgendwann einmal sogar kontinuierlich. Denn wie schon erwähnt, erlebt Clara wegen ihres Studiums immer wieder mal einen gewissen (Lern-)Stress, darum ist für Clara die Änderung gewisser Ernährungsstandards eventuell sogar unmöglich. Wenn Clara mit ihrem Aussehen unzufrieden wäre und genauer herausfinden wollte, warum sie nicht so dünn ist wie Mia und sie zum Beispiel mit Mia über die jeweiligen Ernährungsstandards der Eltern sprechen würde, könnte sie besser verstehen, warum sie, was ihre körperliche Figur betrifft, einfach nicht so dünn ist wie Mia. (Vererbungslehre; unterschiedliche Gene; usw.!)

Wenn Clara aber einfach zufrieden mit ihrem Aussehen ist, was sie ja zum Glück ist, wenn sie sich einfach so akzeptiert, wie sie ist, und sie vielleicht sogar einfach dankbar dafür ist, wie sie aussieht, dann ist es für sie auch nicht relevant, irgendwelche

Ernährungsstandards zu verändern, noch dazu während der stressigen Studienzeiten, die sie erlebt. Und Clara ist glücklich bezüglich ihres Aussehens und vergleicht es nicht mit dem Aussehen von Mia, weil Clara dafür die richtigen Denkweisen besitzt. Sie ist so, wie sie ist, am meisten dankbar ist sie dafür, dass sie gesund ist. Und auch wenn sie gewissermaßen dankbar dafür ist, dass sie eine hübsche junge Frau ist, ist das für sie relativ unwichtig. Denn Clara besitzt die richtigen Denkweisen und darum ist für sie wichtig, wie sie charakterlich ist und wie sie lebt. Sie liebt sich selbst genau so, wie sie ist. Und darum kann sich Clara auch voll und ganz auf ihr Studium konzentrieren, viel lernen und ihre Studienzeit insgesamt sogar genießen.

Ich möchte zu den vorigen Absätzen, in denen es um Claras Aussehen geht, noch etwas sagen: Wenn man die letzten Absätze vergleicht, einerseits, wenn es darum geht, dass Clara mit ihrem Aussehen einfach zufrieden ist und andererseits, wenn es darum geht, welche Folgen es für Clara hätte, wenn sie beginnen würde, so aussehen zu wollen wie Mia, dann scheint es doch bei diesem theoretischen Wunsch so, als ob sich Clara mit diesem Wunsch selbst eine schwere Last auferlegen würde. Diese Last entfällt aber für Clara, weil sie sich einfach so akzeptiert, wie sie ist und sogar dankbar dafür ist.

Aber genau das ist es (im Zusammenhang mit dem soeben unter „andererseits" Genannten), was oftmals im Leben von vielen Frauen weltweit passiert. Sie sind unzufrieden mit ihrem eigenen Aussehen, weil sie sich mit „Scheinbildern" aus irgendwelchen Mode-Zeitschriften, Magazinen oder Ähnlichem vergleichen.

Was sie aber nicht machen, und das ist hier entscheidend: Sie hinterfragen nicht, wie es möglich ist, dass man wie auf so einem „Scheinbild" aussieht. Und darum muss ich Sie auch hier auf eine bestimmte Denkweisenänderung aufmerksam machen! Eine Denkweise, die in so einem Zusammenhang viele Frauen zu ihrem eigenen Wohle ändern müssten, ist, zu hinterfragen, wie es möglich ist, dass eine Frau, zum Beispiel auf so einem Zeitschriftencover „perfekt" aussieht, anstatt, ohne es zu hinterfragen, einfach auch so aussehen zu wollen. Und so viele Frauen, die das so machen, tun sich damit leider selbst so Unrecht.

Ich möchte Ihnen mit einem verallgemeinernden Beispiel diese Thematik noch genauer erklären. Dafür verwende ich ganz bewusst ein verallgemeinerndes Beispiel, weil ich mit diesem Beispiel zu niemand anderem eine persönliche Grenze überschreiten will.

Stellen Sie sich bitte eine circa 30 Jahre junge Frau vor und diese Frau ist ein internationaler Filmstar. Deshalb ist sie Multimillionärin. Ohne dass ich das jetzt beurteilen möchte, aber das Folgende ist für Sie hoffentlich naheliegend: Diese Frau hat finanziell viele Möglichkeiten! Sie kann für sich zum Beispiel einen eigenen Koch engagieren. Sie kann für sich eine eigene Personal-Trainerin und eine eigene Ernährungsberaterin engagieren. Diese Personal-Trainerin und die Ernährungsberaterin kümmern sich in Zusammenarbeit um die Ernährung und um die sportlichen Aktivitäten der Frau/Multimillionärin. Natürlich muss die Frau, die Filmstar ist, auch ihre Leistung erbringen, um ihre ernährungsspezifischen und sportlichen Pläne zu verwirklichen. Aber durch das Team, das sie engagieren kann, ohne diesbezüglich irgendwelche finanziellen Sorgen, Schwierigkeiten oder Mühen zu haben, weil sie Multimillionärin ist, ist es für diese Frau vom Grundsätzlichen her natürlich viel leichter, eine bestimmte „Traumfigur" zu erreichen, im Vergleich zu einer Frau, die sich ohne all dieses Geld eine eigene Crew nicht leisten kann. Für die Multimillionärin ist das also natürlich einfacher, weil ihr durch ihr Team viel Arbeit abgenommen wird! Konkrete Beispiele dafür sind: • Planung und Durchführung von mehrmaligem Einkaufen gehen pro Woche! • Mehrmals tägliches Kochen! • Täglich zum Frühstück, Mittagessen und Abendessen den Essstisch vorbereiten! • Drei Mal pro Tag sich um das Geschirr kümmern (Tisch decken, abservieren, verschiedene Geschirrspülerarbeiten)! • Gerichte planen bezüglich der Nährwerte und Kalorien! • Abstimmung von Ernährungsplan und Fitnessplan bezüglich einer guten Verträglichkeit! • Psychische Motivationen zum Beispiel während bestimmter Trainingseinheiten! Usw.

Eine Frau, die nicht Multimillionärin ist, müsste all das natürlich mit viel mehr Eigenleistung schaffen und all das zusätzlich wahrscheinlich sogar noch mit einem 40-Stunden-Vollzeitjob pro Woche (oder länger)! Können Sie erkennen, um wie viel einfacher es die Multimillionärin hat, im Vergleich zu der Nicht-Multimillionärin? Da geht es um einen KOMPLETT UNTERSCHIEDLICHEN ALLTAG!!! (Finanziell, zeitlich, organisatorisch, usw.!)

Bekommen Sie beispielsweise täglich in Ihrem vergleichsweise „normalen" Leben (ich nenne es jetzt einfach so) ein zubereitetes Frühstück, Mittagessen und Abendessen serviert? (Bei dem Sie sich an den Tisch setzen und essen müssen, und ALLES ANDERE wird für Sie erledigt!) Müssen Sie auch kein einziges Mal pro Woche in verschiedene Geschäfte einkaufen gehen, damit bei Ihnen zu Hause die Lebensmittelversorgung gegeben ist? Erledigt das auch jemand anderer für Sie? Haben Sie ein eigenes Fitnessstudio zum Trainieren bei sich zu Hause und nach einer Trainingseinheit zur Erholung einen Pool, einen Whirlpool und eine Sauna? (Wo auch die Organisation von Trainings- und danach Erholungsphase viel einfacher zu vollziehen ist, weil man nur in einen anderen Raum oder in den Garten gehen muss, anstatt zum Beispiel für so eine Art der Erholung noch wo anders hinfahren zu müssen.) Usw.!

Auch wenn das Erreichen einer „Traumfigur" für die allermeisten gewissermaßen harte Arbeit bedeutet, ob man nun Multimillionär/in ist oder nicht, aber es sollte schon zählen, welche individuelle Ausgangssituation man hat (das betrifft die Genetik, den Alltagsstress, usw.!), welche individuelle Vergangenheit man erlebt hat und welche Möglichkeiten man gegenwärtig hat! Und, ganz ehrlich, dieser Absatz ist von mir sehr milde formuliert!

Und genau das ist es, was oft nicht gesehen wird: die enormen Unterschiede der eigenen Gesamtsituation im Vergleich zu der Gesamtsituation von jemand anderem. Aber genau das ist es, was hier wichtig ist/SO WICHTIG WÄRE zu bedenken oder, anders formuliert, zu analysieren.

Man tut sich selbst so Unrecht, wenn man sich mit jemand anderem vergleicht und sich wünscht, so ähnlich sein zu können, auch bezüglich des Aussehens, wie jemand anderer, ohne Analyse und gelten lassen dieser entscheidenden Unterschiede!

Wenn man gewisse Lebensbedingungen von einem Idol, das man eventuell hat, ins eigene Leben übernehmen könnte, wie zum Beispiel die finanzielle Situation, dann wäre ein gewisser Vergleich schon fairer! Aber anderenfalls ist das für Sie selbst einfach komplett unfair!

Es hat ganz viel damit zu tun, dass weltweit viele Frauen mit ihrem Aussehen unzufrieden sind, dass irgendwelche Menschen irgendwann einmal ein Schönheitsideal „erfunden" haben, das aber viele Frauen gar nicht wirklich erreichen können, aufgrund verschiedener Tatsachen, wovon ich mehrere Aspekte für Sie in diesem Buch bereits, so gut es mir möglich war, erklärt habe.

Eins verspreche ich Ihnen: Wenn man es als Frau geschafft hat, das zu durchschauen, dann wird man sich automatisch von genug Problemen auf eine so einfache Art und Weise verabschieden können! Und ich hoffe, dass das vielen Frauen mit Hilfe dieses Buches früher oder später gelingen wird!

Ich bitte Sie einfach, dass Sie sich als Frau nicht von irgendeiner Meinung, die es gibt, vorschreiben lassen, wie in etwa Sie aussehen sollen! *Sich zum Beispiel vorschreiben zu lassen, mit welchen Körpermaßen man sich als schön ansehen darf und somit auch, mit welchen nicht, das ist doch nicht nur absoluter Blödsinn, sondern auch absolute Fremdbestimmung!* **Bitte erlauben Sie diese Fremdbestimmung einfach nicht!** Es geht da auch um Ihre Erlaubnis, welche sehr von Bedeutung ist! Und diese Erlaubnis, Ihre eigene persönliche Erlaubnis, können Sie zu einer ganz großen persönlichen Stärke entwickeln!

Ich sage Ihnen, dass Sie sogar selbst wählen können, ob Sie vielleicht sogar Jahrzehnte Ihres Lebens mit einer gewissen Unzufriedenheit leben wollen/müssen **oder aber auch nicht**. Und um es vielleicht noch ein bisschen genauer zu sagen, was aber leider gegenwärtig auf sehr viele Frauen zutrifft: Sie können selbst wählen, ob Sie sich vielleicht sogar Jahrzehnte Ihres Lebens von einer gewissen Unzufriedenheit quälen lassen **oder aber auch nicht.** Ich sage Ihnen, dass Sie das selbst entscheiden können. **Und ich wünsche Ihnen, dass Sie sich gegen die Unzufriedenheit entscheiden!**

Natürlich hat es negative Auswirkungen auf eine Frau, wenn sie mit ihrem Aussehen unzufrieden ist. Aber es kann sein, dass diese Unzufriedenheit nicht nur negative Auswirkungen auf die Frau selbst hat, diese Unzufriedenheit kann auch negative Auswirkungen auf ihre Beziehung haben und somit auch auf ihren Partner. Ich selbst habe das als Mann mit allen meinen Ex-Partnerinnen, jeweils auf eine andere detaillierte Art und Weise, erlebt. Und da ich darum selbst viel Leid erlebt habe, ist es mir wichtig, über diese Thematik noch genauer zu schreiben. Ich hoffe, dass ich damit mehreren Menschen helfen kann, bestimmte Probleme in einer partnerschaftlichen Beziehung bestenfalls gar nicht zu haben oder zumindest bestimmte Probleme so sehr wie möglich minimieren zu können.

Weil ich ein inklusiv denkender Mensch bin, möchte ich Sie darüber informieren, dass ich bei der folgenden detaillierten Ausführung dieser Thematik das klassische Beispiel einer Beziehung verwende, in der eine Frau einen Mann als Partner hat. Erstens mache ich das so, weil ich ein heterosexueller Mann bin und ich Ihnen das ja so von meinem Leben erzähle, wie ich es selbst erlebt habe. Und zweitens mache ich das so, weil für mich mit der nur einen Verwendung des klassischen Beispiels (Frau und Mann) die folgende Ausführung relativ einfach und unkompliziert zu **verschriftlichen** ist, und genau so einfach und unkompliziert soll es für Sie ja auch beim **Lesen** weiterhin sein. (KEINE DISKRIMINIERUNG!!! Das sollte zwar eigentlich in Schriftgröße 700 000 gedruckt werden, damit besser verstanden werden kann, wie ich das exakt meine, aber ich hoffe, das ist auch in dieser hier gedruckten Schriftgröße gut verständlich!) Sollten Sie also zum

Beispiel eine Frau sein, die eine Frau als Partnerin hat, dann adaptieren Sie das bitte, wenn Sie möchten, beim Lesen für sich selbst in den folgenden Ausführungen immer dann, wenn es um das Beziehungspaar Frau und Mann geht.

Also: Ich möchte zum Beginn dieser Thematik verallgemeinernd etwas nennen, was hier noch als Vorerklärung für ein insgesamt besseres Verständnis wichtig ist: In der Kommunikation mit anderen habe ich es grundsätzlich so erlebt, dass Frauen offener mit ihren Unzufriedenheiten umgehen, aber schon auch vergleichsweise unzufriedener sind als Männer. Das ist mit ein Grund dafür, dass ich mich dazu entschieden habe, dieses Buch zu schreiben. Wie ich schon einmal erwähnt habe, hatte ich in meinem Leben schon viele weibliche Bekanntschaften. Ich spreche hier von einem Zeitraum von mehr als zehn Jahren als Erwachsener. Das waren alles Frauen, mit denen ich versucht habe, befreundet zu sein. Mit diesen Frauen habe ich viele Gespräche erlebt. Es gab also verschiedenste Arten von Treffen und man hat miteinander eine so angenehm wie mögliche Zeit verbracht und miteinander von Zeit zu Zeit über verschiedenste Themen kommuniziert. Viele dieser Frauen, nicht alle, aber wirklich viele, also die meisten, haben mir wirklich immer ziemlich schnell erzählt, dass sie mit ihrem Aussehen unzufrieden sind. (Ich könnte hier als Kurzzusammenfassung schreiben: viele verschiedene Frauen, aber trotzdem fast immer wieder die gleiche Thematik!)

In derselben Zeit, in all diesen Jahren, habe ich auch immer wieder neue männliche Bekanntschaften gemacht, wodurch sich auch kleinere neue Freundschaften gebildet haben. Ich kann mich an so gut wie kein Gespräch erinnern, in dem ein anderer Mann darüber gejammert hat, dass er mit seinem Aussehen unzufrieden ist. Ich bin mir sicher, es gibt auch genug Männer, die bezüglich ihres Aussehens gewisse Optimierungswünsche haben. Aber Männer versuchen einfach, das dann umzusetzen, was sie an Veränderung bezüglich sich selbst haben wollen. Natürlich gelingt das auch Männern, genauso wie Frauen, oft nicht. Aber diese unterschiedliche Art der Kommunikation ist meines Erachtens bereits sehr aussagekräftig. Ich möchte Ihnen damit einfach relativ gut verständlich machen, wie oft ich persönlich schon Erlebnisse mit Frauen hatte, die unzufrieden mit ihrem Aussehen/mit ihrem Körper waren. Manchen davon ging es im persönlichen und ehrlichen Gespräch mit mir dann sogar richtig schlecht, ich habe das oft sehr stark gemerkt. Aber meistens waren das RICHTIG HÜBSCHE FRAUEN!!! Irgendwann einmal kam dann der Moment in meinem Leben, als ich mir dachte: „Gibt es eigentlich auch noch Frauen auf dieser Welt, die mit ihrem Körper zufrieden sind?" (In anderen Worten: Es gibt so viele hübsche Frauen! Aber fast alle jammern darüber, dass sie nicht gut genug aussehen!) Heute weiß ich, sehr viele Frauen weltweit sind mit ihrem Aussehen unzufrieden. Und ich habe zu Beginn schon gesagt, dass sich das ändern MUSS! **Für all die Frauen, die mit ihrem Aussehen unzufrieden sind, schreibe ich dieses Buch.** Und ich habe für all diese Frauen bereits sehr ausführlich erklärt, warum sie mit ihrem Aussehen nicht unzufrieden sein brauchen, sondern im Gegenteil sogar damit zufrieden sein können!

Mittels dieser Vorerklärung möchte ich nun weiters detailliert erklären, dass es natürlich nicht nur negative Auswirkungen auf eine Frau selbst haben kann, wenn sie mit ihrem Aussehen unzufrieden ist, sondern dass diese Unzufriedenheit auch negative Auswirkungen auf ihre Beziehung haben kann und somit auch auf ihren Partner.

Eine Frau und ein Mann, die miteinander eine Beziehung haben, verbringen meistens viel Zeit miteinander. So wünschen sich das natürlich viele und das ist auch (zumindest) vom Grundsatz her wunderschön!

Was ist dann aber genau das Problem, wenn eine Frau Zeit mit ihrem Mann verbringt und immer wieder davon redet/darüber jammert, dass sie mit ihrem Aussehen unzufrieden ist?

Zum Beginn dieser Antwort möchte ich Ihnen einen Grund nennen, der für viele Frauen wahrscheinlich neu sein wird: Ihr Mann ist ja kein Depp!!! Was, das glauben Sie mir nicht? Warten Sie, ich erkläre Ihnen das, so wie ich das meine, natürlich noch genauer! Ja, das Aussehen einer Frau spielt für einen Mann sicher eine gewisse Rolle, auch bezüglich der Frage, ob sich ein

Mann mit einer Frau eine partnerschaftliche Beziehung vorstellen kann und eventuell auch wünscht. Der Punkt ist hier, **dass** es sicher eine gewisse Rolle spielt. **Wie** gutaussehend eine Frau für einen Mann sein sollte, ist hier nicht der Punkt, aber das erklären die folgenden Zeilen gewissermaßen automatisch mit! Denn: Wenn ein Mann mit einer Frau eine Beziehung eingegangen ist, dann hat dieser Mann sozusagen auch bewertet, ob ihm die Frau optisch gefällt. Was zumindest die meisten Menschen betrifft, ist für all diese Menschen eines von mehreren Kriterien bei der Partnerwahl, dass einem der andere Mensch auch optisch gefällt bzw. der andere Mensch für einen selbst attraktiv ist. Dieses optische Kriterium ist eines der Kriterien, das insgesamt ein partnerschaftliches Interesse von einem bestimmten Mann an einer bestimmten Frau betrifft. Bitte, das ist hier von mir nicht oberflächlich gemeint, hier geht es einfach um das Optische. Für die meisten ist das ganz normal. Und es ist auch ganz normal und auch bekannt, dass Geschmäcker verschieden sind. Das bedeutet also, dass zum Beispiel einem bestimmten Mann die eine Frau optisch besser gefällt und einem anderen Mann gefällt eine andere Frau optisch besser. Das ist ganz normal und das ist auch gut so. Auch wenn es relativ salopp von mir formuliert ist, aber ich möchte nun den Leserinnen dieses Buches eine Frage stellen: Kennen Sie persönlich einen Mann, der mit einer Frau in einer Beziehung ist, aber Sie wissen von dem Mann, dass ihm die Frau optisch überhaupt nicht gefällt? Ich kann von mir sagen, dass ich schon relativ viel Lebenserfahrung habe. Ich habe beispielsweise viele Jahre in der Dienstleistungsbranche gearbeitet, als persönlicher Berater von vielen verschiedenen Menschen. Ich war Mitglied in mehreren Sportvereinen, meistens mehrere Jahre lang. Und auch in meinem Privatleben habe ich schon mit so vielen verschiedenen Menschen gesprochen. Darum habe ich auch schon mit vielen Männern über die verschiedensten Themen des Lebens gesprochen und darum selbstverständlich auch über Frauen. Ich habe keinen einzigen Mann kennengelernt, der mir, meines Erachtens, so einen Blödsinn erzählt hätte, wenn es um ein partnerschaftliches Interesse von einem bestimmten Mann an einer bestimmten Frau gegangen ist. Ich würde so etwas also als weltfremd bezeichnen. Sollten Sie aber die vorige Frage mit Ja beantworten können, dann möchte ich Ihnen dazu noch eine weitere Frage stellen: Wie viele Männer kennen Sie, für die es ebenso ganz normal ist, dass eine Frau ihnen optisch gefallen muss, damit sie sich auch eine Beziehung mit einer Frau vorstellen können und wie viele Männer kennen Sie, auf die die Frage zuvor zutrifft? Stimmt's, zumindest für die meisten Männer, die Sie kennen, ist dieses optische Kriterium bei der Partnerwahl ganz normal!? Sollte es also überhaupt Männer geben, für die das Optische einer Frau für ein partnerschaftliches Interesse komplett irrelevant ist bzw. für die eine Frau überhaupt nicht attraktiv sein muss, dann sind das absolute Ausnahmefälle. Logischerweise lässt sich zusammenfassend also nun feststellen, dass es ganz normal ist, dass einem Mann eine Frau optisch gefällt, mit der er sich eine Beziehung wünscht oder mit der er in einer Beziehung ist. Und genau das ist ein wichtiger Grund dafür, dass eine Frau ihren Mann nicht damit volljammern soll, dass sie eventuell nicht gut genug aussieht. **Denn für den Mann ist sie ja komplett gutaussehend!** Wenn eine Frau immer wieder darüber jammert, dass sie mit ihrem Aussehen unzufrieden ist, dann kann es gut sein, dass das für ihren Mann auf eine bestimmte Art und Weise *immer wieder unangenehm ist.* Ich weiß persönlich von mehreren Männern, dass sie solche unangenehmen Situationen in ihren Beziehungen nicht nur einmal erlebt haben. Natürlich gibt es dann nicht nur eine einzige Weise, wie sich ein Mann in so einer Situation verhält. Und da sich jeder Mensch als einzigartiges Individuum von den jeweils anderen Menschen unterscheidet, geht es mir folglich sowieso nur darum, Ihnen *ein paar verschiedene Möglichkeiten zu nennen,* welche verschiedenen Probleme eine Frau mit ihrem Partner bekommen kann, wenn sie sich so verhält. Natürlich kommt es auch individuell auf den Mann an, wie für ihn so ein Verhalten von seiner Frau genau ist, trotzdem ist so ein Problem aber, egal wie es genau ist, definitiv in einem Beziehungsleben nicht wünschenswert und genau darum geht es ja hier.

- Ein Mann kann zum Beispiel einfach nur genervt sein, wenn seine Frau, während sie Zeit miteinander verbringen, immer wieder wegen derselben Sache anfängt zu jammern. Die Frau hat dem Mann schon 25 Mal davon erzählt, dass sie sich wünscht, besser auszusehen, der Mann hat der Frau bereits 25 Mal genau dieselbe Antwort gegeben, wie zum Beispiel: „Schatz, du siehst SO hübsch aus!" Bei den ersten 25 Malen hat er dann noch dazu gesagt: „Warum kannst du das nicht einfach auch selbst so sehen!?" Trotzdem bleibt es seitens der Frau nicht nur bei den 25 Malen. Und bei jedem weiteren Mal antwortet der Mann genervt bzw. nur noch: „Schatz, du weißt, wie ich darüber denke." Und zusätzlich denkt er sich dann noch: „Nein, das hört wahrscheinlich nie auf."
- Es kann auch sein, dass ein Mann, den seine Frau damit konfrontiert, dass sie ihrer Meinung nach zu unattraktiv ist, gar nicht wirklich weiß, was er darauf sagen soll, zum Beispiel weil er dieses bestimmte Mitgefühl in so einer Situation entweder nicht hat, weil ihm das eventuell nie beigebracht wurde oder weil der Mann so introvertiert ist, dass er das Mitgefühl, das er zwar in dieser Situation für seine Frau empfindet, nicht zeigen kann.
- Eine andere Möglichkeit ist, dass es einen Mann sogar auf eine bestimmte Art und Weise verletzt, wenn die Frau ihn mit ihrer eigenen Unzufriedenheit (immer wieder) konfrontiert, falls dieser Mann sehr sensibel ist. Für den Mann ist seine Frau nämlich wunderhübsch und es tut ihm weh, dass genau diese Frau, die er so sehr liebt, so negativ über sich selbst denkt.
- Die gegenteilige Möglichkeit ist, dass ein sehr unsensibler Mann, der eventuell dazu auch noch relativ ungeduldig ist, nach mehrmaligem Vorkommen verbal aggressiv zu seiner Frau wird und sie dadurch immer wieder seelisch verletzt, wenn sie ihn immer wieder aufs Neue mit einem Thema konfrontiert, über das sie die Meinung ihres Partners bereits klar kommuniziert bekommen hat.

Ich hoffe, es ist nun für Sie, durch diese paar aufgezählten Problemvarianten, besser möglich zu verstehen, dass eine Frau, die regelmäßig über ihre Unzufriedenheit bezüglich ihres Aussehens bei ihrem Partner jammert, weder ihr selbst noch ihrem Partner damit einen Gefallen tut. Dieses Verhalten ist entweder unangenehm und herausfordernd für den Mann oder sogar auch ein Risiko für die Frau selbst, durch eine verbal aggressive Reaktion ihres Partners verletzt zu werden.

Mit anderen Worten lässt sich sagen, dass es ungesund für eine Beziehung ist, wenn die Frau immer wieder über ihr Aussehen jammert. Wenn die Frau für den Mann nicht gutaussehend bzw. nicht attraktiv wäre, dann wäre der Mann auch keine Beziehung mit der Frau eingegangen. Ich erwähne es erneut, es ist ganz normal, dass der Mann schon am Beziehungsbeginn (auch) die Entscheidung getroffen hat, dass er über das Aussehen seiner Partnerin glücklich ist. Und daher machen Sie als Frau Ihren Mann auch unglücklich, wenn Sie immer wieder über Ihr Aussehen jammern. Er, der Mann, ist ja mit Ihrem Aussehen glücklich. Und natürlich wünscht man sich als Mann, wenn man mit dem Aussehen seiner Frau glücklich und zufrieden ist, dass die Frau über ihr Aussehen auch glücklich und zufrieden ist.

Jede Frau, die in einer Beziehung ist, wird das wahrscheinlich am besten wissen, welche bestimmten Verhaltensweisen ihr Partner in einer bestimmten Situation zeigt, sobald sie ihn zum Beispiel mit einem bestimmten Problem von sich konfrontiert. Der einzig pauschale Ratschlag, den ich hier, natürlich nur gut gemeint, formulieren möchte, ist: Wenn es eine Frau schafft, mit ihrem Aussehen zufrieden zu sein, dann braucht sie darüber auch nicht jammern. Und dann kann sich ein Paar auch gewisse Zeiten für eventuell unangenehme Diskussionen sparen. In einer Beziehung kann man so viel schönere Sachen miteinander machen, als miteinander zu streiten oder eine unangenehme Diskussion immer wieder aufs Neue zu führen. Und die Denkweisen, die eine Frau braucht, damit sie mit ihrem Aussehen einfach zufrieden sein kann, findet sie in diesem Buch.

In Zusammenhang mit den von mir zuvor genannten Problemvarianten (•) stehend, möchte ich an dieser Stelle des Buches noch einen Einschub formulieren, welcher vor allem für die jungen und noch relativ unerfahrenen Leserinnen gedacht ist. Dabei geht es um Wissenswertes und Unterstützendes, was beispielsweise bestimmte Faktoren betrifft, welche bereits beim Dating hilfreich sein können, wenn man jemanden neu kennenlernt. Damit möchte ich jungen und noch relativ unerfahrenen Frauen bezüglich einer guten Partnerwahl helfen.

Wenn man sich neu kennenlernt, dann ist es meiner Meinung nach sowieso ratsam, dass es *einige* Treffen geben sollte, um sich besser kennenlernen zu können, bevor eine partnerschaftliche Beziehung überhaupt zum Thema wird. Denn je mehr eine Frau und ein Mann voneinander wissen, desto besser ist das für beide. Als erstes Statement dazu möchte ich nennen, dass normalerweise kein Mensch daran interessiert ist, verletzt zu werden. Und je besser man sich kennenlernt, desto besser kann man dann auch bewerten, ob man mit jemand anderem ganz gut oder wahrscheinlich eher nicht so gut zusammenpasst. Wenn man das so (vorsichtig) macht, dann achtet man auch gut auf den eigenen Selbstschutz und das ist wichtig, denn man will, wenn möglich, nicht in drei Monaten verlassen und damit verletzt werden. Und man will, wenn möglich, auch in drei Jahren nicht verlassen und wahrscheinlich dann noch viel mehr verletzt werden. Für die ersten Dates in der sogenannten Kennenlernphase kann ich also wirklich nur den Tipp geben, dass es rein um Gespräche gehen sollte und um nichts Körperliches. Und je anständiger sich ein Mann bei solchen Treffen benimmt und je mehr er zeigen kann, ob er auch ein wahrer Gentleman ist, desto höher ist auch die Wahrscheinlichkeit, dass der Mann es dann auch **wirklich** ernst meint bezüglich seines PERSÖNLICHEN Interesses an der Frau (das primär ihre schönen Charaktereigenschaften betreffen sollte und nicht ihr Aussehen)! Bei den ersten Treffen sollte es eigentlich auch so gut wie gar nicht um irgendwelche Komplimente bezüglich des Aussehens von den zwei Menschen gehen, die sich ganz neu kennenlernen, ansonsten wäre so etwas meiner Meinung nach sowieso relativ oberflächlich und für mich würde dann ein wirklich persönliches und wahres Interesse an jemand anderem mit relativ großer Wahrscheinlichkeit entfallen. Das Wichtigste sind ja die vielen Charaktereigenschaften und Denkweisen, Pläne und Ziele des anderen Menschen, die man versuchen sollte, kennenzulernen. Denn das sind ja die entscheidenden Attribute für eine langfristig gelingende Beziehung.

Und wenn sich die Frau und der Mann nach einigen Wochen, nach zum Beispiel zwei bis drei Monaten, dafür entscheiden, eine Beziehung einzugehen und sie konnten sich AUF PERSÖNLICHER EBENE schon relativ gut kennenlernen, dann hat sich der Mann sicher INSGESAMT für die Frau entschieden und das „Gesamtpaket einer Frau" beinhaltet auch ihr Aussehen, mit dem der Mann dann glücklich und zufrieden ist, bei so einem Dating-Verlauf traue ich mich das mit annähernd 100-prozentiger Sicherheit sagen. Denn die allermeisten Männer, die an „schnellem Spaß" interessiert sind und denen es auch egal ist, wenn sie eine Frau dann einfach wieder links liegen lassen, ich muss das jetzt so blöd formulieren, *investieren* zwei bis drei Monate Dating-Zeit eher nicht. Solchen Personen stehen dafür auch ihre (undisziplinierten) Triebe im Weg. Und wenn sich eine Frau eine langfristige Partnerschaft wünscht, kann sie somit solchen nicht partnerschaftswürdigen Personen, sobald sie das merkt, den Laufpass geben und sie einfach nicht mehr treffen/den Kontakt abbrechen. Das gilt als gut gemeinter Schutz für alle Menschen, die sich verlieben möchten, sich eine langfristig gelingende Beziehung wünschen und die sich nicht plötzlich ihre Herzen brechen lassen wollen.

Ich möchte nun noch versuchen, eine eigene Erklärung zu einem bestimmten Thema während der sogenannten Kennenlernphase zu formulieren: Ich glaube, wenn eine Frau und ein Mann in der Kennenlernphase ziemlich schnell miteinander Sex haben, als Beispiel dafür nehme ich jetzt einfach das zweite Date, dass dadurch Gefühle entstehen können. Vielleicht nur auf Seiten der Frau. Vielleicht nur auf Seiten des Mannes. Vielleicht auch auf beiden Seiten. Aber ich glaube, dass solche Gefühle *keine echten*

Gefühle sind. Und wenn man solche Gefühle zum Beispiel nach ein paar Monaten dann nicht mehr hat, kann es gut sein, dass der andere Mensch für einen sogar fast überhaupt nicht mehr attraktiv ist. Denn man war dann in den anderen nur ein bisschen verknallt, wegen dieser *nicht echten Gefühle*, aber man hat die Charaktereigenschaften des anderen, die hauptsächlich für einen attraktiv sein müssen, damit eine partnerschaftliche Beziehung langfristig gelingen kann, viel zu wenig kennengelernt. Diese Erklärung ist für mich eines von mehreren Hauptargumenten dafür, warum es sogar sehr klug ist, dass es bei den ersten Dates rein um Gespräche gehen sollte und um nichts Körperliches. Wenn einen der andere Mensch mag, und so soll es meiner Meinung nach definitiv sein, dann wartet der andere Mensch auch lange auf jegliche Intimität mit einem, egal ob das mehrere Wochen, mehrere Monate oder sogar noch länger ist. Und auch das gilt als gut gemeinter Schutz für alle Menschen, die sich verlieben möchten, sich eine langfristig gelingende Beziehung wünschen und in diesem Zusammenhang mit dem Thema Herzschmerz wenig bis gar nichts zu tun haben wollen.

Nach diesem Einschub, welcher in erster Linie für viele junge und noch relativ unerfahrene Frauen hoffentlich hilfreich ist, möchte ich noch ein Detail dieses Buches weiter thematisieren, welches die Unzufriedenheit vieler Frauen bezüglich ihres (oft tollen!) Aussehens betrifft. Wie ich es schon erwähnt habe, habe ich die Thematik, dass sogar sehr hübsche Frauen mit ihrem Aussehen unzufrieden sind, selbst als Mann mit allen meinen Ex-Partnerinnen, jeweils auf eine andere detaillierte Art und Weise, erlebt. Am intensivsten und am häufigsten habe ich das in der längsten partnerschaftlichen Beziehung erlebt, die ich hatte. Diese Beziehung hatte ich zwei Jahre lang, eine sehr intensive und besondere Beziehung. Ich hatte eine Frau als Partnerin, die ich wirklich geliebt habe. Sie war und ist eine bildhübsche Frau! Ich habe das sofort gesehen, sofort als wir uns das erste Mal begegnet sind. Aber mir ging es natürlich primär nicht um ihr Aussehen. Wenn Sie das Buch von Anfang an bis zu dieser Stelle gelesen haben, dann wissen Sie das sowieso schon von mir. Ich hatte zufälligerweise eine sehr liebe, warmherzige und auch gutaussehende junge Frau kennengelernt. Leider war es (trotzdem wieder) so, dass sie mit ihrem Aussehen eher unglücklich war. Für mich war das wirklich schlimm. Ich bekam eine wirklich besondere Frau als Partnerin, die ich nur sehen musste und mein Tag war besser, und das war an jedem einzelnen Tag so, egal wie schlimm bestimmte Tage, sogar öfter als manchmal, auch waren. Ich musste sie nur sehen und sofort ging es mir zumindest wieder ein bisschen besser. So eine liebevolle, bezaubernde und bildhübsche Frau. Aber für sie war das nicht so. Sie war sehr selbstkritisch bezüglich ihres Aussehens. Sie hat mich sehr oft danach gefragt, ob sie mir auch gefällt. Sie und ich, wir haben uns auf persönlicher Ebene sehr gut kennengelernt. Und ich wusste auch von ihr, dass sie sehr schwierige Zeiten durchleben musste, in ihrer Vergangenheit, und dass sie leider auch schon genug Enttäuschungen erlebt hatte, bevor wir uns kennenlernten. Und natürlich war es für mich lange Zeit mehr oder weniger ein Rätsel, wie so eine bildhübsche Frau so an ihrem Aussehen zweifeln konnte. Ich habe ihr immer wieder gesagt, wie wunderschön sie ist. Und ich habe sehr lange gehofft, dass sie ihre Selbstzweifel mit meiner Unterstützung früher oder später ablegen kann. Aber nach langer Zeit habe ich dann gemerkt, dass diese persönliche Eigenschaft von ihr ein für mich enormes Ausmaß hatte. Und ich habe versucht und versucht und versucht, ihr dabei zu helfen, dieser Eigenschaft von ihr immer wieder positiv und strahlend entgegenzuwirken, aber ich habe sie diesbezüglich nicht wirklich erreichen können. Ich habe mit ihr oft geredet. Ich habe ihr oft versucht zu erklären, wie illusorisch und unrealistisch dieses weibliche Schönheitsideal ist. Ich habe ihr oft versucht zu erklären, dass, auch wenn man eine gutaussehende Frau ist, es trotzdem viel wichtiger ist, welche Persönlichkeit man hat und wie man sein Leben als Mensch lebt. Ich habe ihr mehrmals gesagt, dass viele Bilder von Models, zum Beispiel auf vielen Covers von Beauty-/Kosmetik-Zeitschriften oder auf so vielen Werbe-Plakaten, digital bearbeitet sind. Wenn man ein etwas besseres Gespür dafür hat, dann sieht man viele solcher digitalen Bildbearbeitungen sogar mit freiem Auge. Manchmal sieht man diese schon aus ungefähr zehn Metern Entfernung, zum Beispiel im Kassenbereich eines Supermarktes, und manchmal muss man dafür halt ein bisschen genauer hinschauen. Aber Fakt ist, dass all diese atemberaubenden „Scheinbild-Schönheiten" in echt nicht existieren. Natürlich existieren die Models als Personen, gar keine Frage. Aber deren Schönheit, *so wie sie auf den bearbeiteten Bildern dargestellt werden,* existiert in echt nicht! Und für alle Neunmalklugen in einer vielleicht besser verständlichen Form: *Sobald das Aussehen eines Menschen digital BEARBEITET wurde, entspricht es NICHT MEHR DER REALITÄT!* Das Aussehen wurde DIGITAL BEARBEITET und darum der Realität NICHT MEHR ENTSPRECHEND VERÄNDERT!

Wenn man sich aber solch eine Illusion zum Ideal macht, dann wird man mit seinem Aussehen nie zufrieden sein können. **Das ist unmöglich. Und genau das ist das Problem. Man kann, zumindest auf natürliche Weise, nicht ein bestimmtes Aussehen erreichen, welches mit Hilfe von einem Bildbearbeitungsprogramm auf einem Computer geschaffen wurde! Auch dieses Wissen brauchen so viele Menschen!**

Und wenn man in einer Partnerschaft als Mann seine Partnerin davon überzeugen möchte, dass einem die eigene Partnerin so gut gefällt, sie aber diese komplett ehrliche, letztendlich doch nur individuelle Meinung ihres Partners mehr oder weniger gar nicht annehmen oder akzeptieren kann, weil sie selbst an das vorher beschriebene illusorische Schönheitsideal glaubt, dann kann man so eine Frau mit seiner eigenen ganz ehrlichen und wahren Zuneigung gar nicht wirklich erreichen, das ist eine Tatsache. Weil: Es ist eine Eigenschaft von *ihr.*

Nun wird es Sie wahrscheinlich nicht wundern, wenn ich hier nenne, dass diese Thematik eine weitere Problemvariante in einer partnerschaftlichen Beziehung sein kann, weil die Frau mit ihrem Aussehen so unzufrieden ist. Es kann immer wieder einmal vorkommen, dass wegen dieser Thematik eine unwohle Stimmung zwischen den Partnern besteht. Es muss nicht automatisch bedeuten, dass so ein Problem auch der Grund für das Scheitern einer Beziehung ist. Aber wenn sich so eine unwohle Stimmung vielleicht dann schon im alltäglichen Leben wegen so einer alltäglichen Problematik breitgemacht hat, dann besteht meiner Meinung nach definitiv das Potential, das alltägliche Beziehungsleben mehr oder weniger unglücklich zu empfinden, was gegenseitig nicht wünschenswert ist, wenn man sich wirklich liebt.

Auch wenn ich mir wünsche, dass es bei ganz vielen Frauen wegen dieses Buchs in ihren Köpfen einfach Klick macht und sie es schaffen, dass sie einfach mit ihrem Aussehen zufrieden sind, kann ich das trotzdem eher nicht wirklich erwarten, ich formuliere es vorsichtig so: Ich kann das zumindest nicht bezüglich aller Frauen erwarten, die dieses Buch lesen. Und darum möchte ich noch eine zusätzliche Frage formulieren, um dann auch noch einen weiteren Erklärungsansatz vermitteln zu können. Die zusätzliche Frage lautet: „Wie ist es möglich, in einer Beziehung keine der im Buch bereits genannten Problemvarianten entstehen zu lassen, aus welchen sich leider ein mehr oder weniger ernsthaftes Beziehungsproblem entwickeln kann?"

Ich müsste Ihnen diese Frage eigentlich gar nicht ausführlich beantworten. Es gäbe sogar eine sehr kurze Antwortmöglichkeit auf diese Frage. Und diese lautet kurz und bündig: **„Seien Sie damit zufrieden, so wie Sie sind!"** Aber ich weiß, eine ziemlich ausführliche Beantwortung dieser Frage ist hier eher relevant, es wäre sonst wahrscheinlich zu einfach.

Ich will natürlich nicht sagen, dass jeder Mensch einfach so sein soll, wie er ist, also dass jeder Mensch einfach alles so tun und lassen kann, wie er will. Es gibt natürlich wichtige Sachen, bestimmte Regeln usw., die für jeden Menschen eine gewisse Relevanz und Wichtigkeit haben sollten. Zum Beispiel sind die *Körperpflege und die Körperhygiene* für jeden Menschen wichtig, beispielsweise dafür, dass die Menschen überhaupt miteinander auskommen können. Dazu möchte ich noch Weiteres erläutern, was ebenfalls die Thematik äußerliches Erscheinungsbild von Menschen betrifft. Ich will zum Beispiel keinen Menschen ermutigen, der beispielsweise schon 50 Kilogramm Übergewicht hat, dass er sein Übergewicht noch weiter steigert. Natürlich wäre es schon aus gesundheitlichen Gründen gut, wenn so jemand es schaffen würde, sein Übergewicht zu reduzieren. Auch das eigene Wohlbefinden von so jemandem würde sich höchstwahrscheinlich steigern, wenn er es schafft, sein Übergewicht zu reduzieren. **Aber die Zuneigung der Menschen zueinander sollte mit dem Aussehen der Menschen grundsätzlich nichts zu tun haben.** Ich möchte hierzu noch einmal eine sehr wichtige Bibelstelle nennen, welche Sie ja bereits aus diesem Buch kennen: **Lobe keinen Menschen seiner Schönheit wegen und verachte niemanden wegen seiner Unansehnlichkeit!** (Altes Testament, Jesus Sirach, Kapitel 11, Vers 2.) Ich wünsche mir, dass viele Menschen sich diesen Satz bei sich zu Hause zum Beispiel auf einen Zettel schreiben und diesen Zettel an einer Wand oder an einer Tür anbringen, damit sie so oft wie nur möglich daran erinnert werden, dass das wirklich wichtig ist. Und je mehr Menschen weltweit diesen Satz bei bestimmten Handlungen berücksichtigen können, desto weniger werden weltweit bestimmte Probleme werden, das kann so viele Menschen betreffen, von ganz jung bis sehr alt. Gott möchte von uns Menschen, dass wir uns nicht nach unserem Aussehen bewerten bzw. beurteilen (was genau so in der vorher zitierten Bibelstelle zu finden ist), **sondern, zumindest hauptsächlich, nach unseren persönlichen Eigenschaften, nach unserer MENSCHLICHKEIT!**

Zur vorherigen Buchstelle, wo ich Menschen genannt habe, die beispielsweise schon 50 Kilogramm Übergewicht haben, muss ich noch eine wichtige Anmerkung ergänzen: Ja, es gibt zum Beispiel Menschen, die haben vielleicht sogar enormes Übergewicht. Aber nicht alle diese Menschen haben so ein enormes Übergewicht, weil sie so viel essen! Es gibt beispielsweise Menschen, die haben so ein enormes Übergewicht aufgrund eines angeborenen körperlichen hormonellen Drüsenproblems! Die Bauchspeicheldrüse (als Beispiel), welche auch bestimmte Hormone im Körper eines Menschen bildet, die den Blutzuckerspiegel regulieren, arbeitet sozusagen bei solchen Menschen nicht richtig. Bei den davon Betroffenen kann es dann vorkommen, dass sie, obwohl sie wenig essen, weit weniger als die oft empfohlenen 2000 kcal pro Tag, trotzdem an Gewicht zunehmen. Solche Menschen haben ein (angeborenes) gesundheitliches Problem. Sie essen wenig und diszipliniert! Sie wollen abnehmen, aber aufgrund der Bauchspeicheldrüsenfehlfunktion des Körpers, die sich kein einziger der betroffenen Menschen (freiwillig) ausgesucht hat, erhöht sich sogar ihr Gewicht. Ich selbst kenne Menschen, die dieses Problem hatten oder weiterhin haben. Bei manchen Menschen lässt sich dieses Problem sogar kaum therapieren. **Sie haben ein gesundheitliches Problem, deshalb sind sie übergewichtig.** *Wie falsch und dumm wäre es bitte, solche Menschen als dick oder fett anzusehen, zu beschimpfen, zu beleidigen und/oder zu verurteilen!?!!* Aber genau das passiert sogar oft! Solche übergewichtigen Menschen werden oft von anderen verurteilt, und es wird ihnen so sehr Unrecht getan, wodurch sie so viel Leid erleben! Sie werden von anderen, *von unwissenden, dummen Menschen, verurteilt,* weil sie nicht so aussehen, wie sie „idealerweise" aussehen sollten. Sie können das aber gar nicht, weil sie ein gesundheitliches Problem haben, das so ein „ideales Aussehen" gar nicht möglich macht. Unwissende und ungebildete Menschen verurteilen andere, die ihnen nicht ins Bild passen, ohne zu hinterfragen, warum ein anderer Mensch so ist, wie er ist!

Ich habe für Sie bereits auf Seite 8 dieses Buches erwähnt, dass es verschiedene Gründe haben kann, warum ein bestimmter Mensch so aussieht, wie er aussieht. Im vorherigen Absatz habe ich Ihnen als einen dieser Gründe das Beispiel einer Bauspeicheldrüsenfehlfunktion genannt, welche das Aussehen von bestimmten Menschen mitbestimmt. Ich möchte Sie an das Beispiel von Rita erinnern (Seite 22–24), die während ihrer Beziehung mit ihrem Ex-Partner 20 Kilo zugenommen hat, weil es ihr psychisch für eine sehr lange Zeit schlecht gegangen ist. (Es trifft auf viele Menschen zu, dass sie mehr essen als sonst, wenn es ihnen seelisch schlecht geht. Denn durch das Essen von bestimmten Leckereien/Genussmitteln erlebt ein Mensch bestimmte

Genussmomente. Und viele Menschen, denen es seelisch schlecht geht, greifen dann öfter zu bestimmten Leckereien, weil es ihnen zumindest dadurch dann ein bisschen besser geht, während solcher Genussmomente.) Der Mann, den Rita in diesem Café gedatet hat, war komplett oberflächlich und hat sich null dafür interessiert, was Rita schon so alles erlebt hat. Für ihn war es eigentlich nur wichtig, ob sie ihm optisch gefällt. All diese Beispiele fallen ganz klar unter Diskriminierung, welche von oberflächlichen Menschen in verschiedenen Formen gelebt wird. Ich könnte noch viele andere Beispiele nennen, in denen Menschen aus verschiedensten Gründen ein bestimmtes Aussehen haben und sie wegen dieses bestimmten Aussehens von anderen, oberflächlichen Menschen diskriminiert werden. Ein paar Beispiele habe ich Ihnen konkret genannt. Jede einzelne Diskriminierung, welche in Zukunft wegen dieses Buchs nicht passiert oder nicht mehr wieder passiert, ist für mich automatisch eine nachträgliche Bestätigung dafür, dass es richtig gewesen ist, dieses Buch zu schreiben.

Nach Abschluss der Anmerkung führe ich die Beantwortung der vorher genannten Frage nun fort, es war aber wichtig, diese Anmerkung zu ergänzen, weil damit noch verständlicher werden soll, wie schnell man einem anderen Menschen Unrecht tun kann und wie schnell man einen anderen Menschen verurteilt, und zwar zu Unrecht!

    Die kurzgefasste Antwort auf die vorherige Frage habe ich Ihnen bereits genannt: „Seien Sie damit zufrieden, so wie Sie sind!" Es folgt nun für Sie noch die relativ ausführliche Antwort, welche lautet:

    Kümmern Sie sich in Ihrem Leben insgesamt – und darum auch in einer partnerschaftlichen Beziehung – darum, worum es in einem menschlichen Leben wirklich geht. Kümmern Sie sich um all das GUTE in Ihrem Leben! Eine Beziehung soll eine gegenseitige Bereicherung sein! Das bedeutet, dass die zwei Partner, die sich gefunden haben, sich glücklich schätzen können sollen, darüber, dass sie das Leben nun miteinander erleben und gestalten dürfen! Es gibt weltweit viele Singles, Menschen, die alleine sind, sich aber so sehr jemanden wünschen, mit dem sie gemeinsam das Leben erleben und gestalten können. All die Menschen, die sich also gegenseitig gefunden haben, für all diese Menschen ist es wichtig, ihre jeweilige partnerschaftliche Beziehung keinesfalls als selbstverständlich einzuordnen. Auch wenn **zwei unperfekte Menschen** versuchen, eine bestmögliche Beziehung zu gestalten, was bedeutet, dass man immer wieder einmal zumindest kleinere Hindernisse und Schwierigkeiten erleben wird, weil keiner dieser zwei Menschen perfekt sein kann, **sollte der Fokus in einer partnerschaftlichen Beziehung, wann immer es auch irgendwie nur möglich ist, auf die positiven, auf die guten Lebens- und Beziehungsinhalte gerichtet sein!** Und diese positiven und guten Lebens- und Beziehungsinhalte befinden sich oft in sogenannten Kleinigkeiten! Wenn Sie in einer Beziehung sind: Was ist für Sie zum Beispiel eine Umarmung Ihres Partners/Ihrer Partnerin wert? Was ist für Sie ein gemeinsamer Spaziergang wert, händchenhaltend miteinander oder bespaßend nebeneinander gehend? Was ist für Sie zum Beispiel an einem Wochenend-Morgen, wenn beide Partner frei haben (nicht arbeiten müssen), ein gemeinsames Frühstück wert? Was ist es für Sie wert, wenn Sie mit diesem Menschen, den Sie so sehr lieben, gemeinsam bei Ihnen zu Hause in Ruhe am Tisch sitzen und mit diesem Menschen nach einer vergangenen Arbeitswoche wieder mehr gemeinsame Zeit verbringen können? Was ist es für Sie wert, wenn Sie ein Problem haben und Sie selbstverständlich daran denken, dass Sie Ihren Partner/Ihre Partnerin nach seiner/ihrer Meinung fragen können, weil Sie ihn als Partner/sie als Partnerin haben? Was ist es für Sie wert, wenn Sie von Ihrem Partner/Ihrer Partnerin immer wieder einmal Hilfe bekommen, bei den verschiedensten Sachen? Viele dieser Beispiele, sind für viele Menschen in einer Beziehung selbstverständlich. Aber stellen Sie sich bitte bei all den genannten Beispielen jetzt einfach einmal vor, dass dieser andere Mensch, Ihr Partner/Ihre Partnerin *einfach nicht da ist.* Stellen Sie sich vor, Sie möchten gerne mit Ihrem Partner/Ihrer Partnerin spazieren gehen, aber er/sie ist nicht da. Dafür kann es verschiedene Gründe geben. Stellen Sie sich vor, Sie möchten mit Ihrem Partner/Ihrer Partnerin an einem bestimmten Tag gemeinsam frühstücken, aber er/sie ist nicht da. Auch dafür kann es verschiedene Gründe geben. Stellen Sie sich vor, Sie möchten Ihren Partner/Ihre Partnerin nach seiner/ihrer Meinung fragen, weil Sie ein bestimmtes Problem haben, aber er/sie ist nicht da und per Handy auch nicht erreichbar. Stellen Sie sich vor, Sie konnten Ihren Partner/Ihre Partnerin schon länger nicht mehr umarmen, zum Beispiel weil er/sie aus beruflichen Gründen ein halbes Jahr lang in einem anderen Land auf einem anderen Kontinent lebt und sie sich ausschließlich per Video-Chat sehen können. Stellen Sie sich vor, Sie wünschen sich so sehr, Ihren Partner/Ihre Partnerin einfach wieder einmal umarmen zu können, aber er/sie ist nicht da. In einer Beziehung geht es nicht darum, sich bezüglich Unwichtigkeiten eventuell sogar gegenseitig das Leben schwerzumachen. Das ist etwas Trennendes. In einer Beziehung sollte man dankbar sein, für jeden einzelnen, gemeinsamen, liebevollen Moment, den man erleben darf. Und jeder negativen Thematik, die Ihr Beziehungsleben mit Ihrem Partner/mit Ihrer Partnerin in nur irgendeiner Art und Weise verschlechtert, sollten Sie keinen Platz in Ihrem Leben geben!

Ja, in jeder partnerschaftlichen Beziehung geht es um die Beziehung von zwei unterschiedlichen, individuell unperfekten Menschen. Darum kann in einer Beziehung nicht immer alles perfekt sein. Aber wenn es Probleme gibt, dann ist es für **beide Partner** die Aufgabe, so gut wie möglich an dem jeweiligen Problem zu arbeiten. Dann geht es darum, zusammen zu helfen, damit sich die Partner gemeinsam ehestmöglich von einem bestimmten Problem wieder verabschieden können.

Sich gegenseitig helfen zu wollen, ist nicht nur Bestandteil einer partnerschaftlichen Beziehung. Auch eine Freundschaft macht es zum Beispiel aus, dass gegenseitig immer wieder einmal eine bestimmte Hilfeleistung wichtig wird. Es gibt vielleicht auch andere Menschen in Ihrem Leben, die manchmal Ihre Hilfe brauchen können. Wann immer es auch für Sie möglich ist, helfen Sie anderen Menschen, ohne zu erwarten etwas dafür zu erhalten, natürlich aber auch immer ein bisschen mit Bedacht darauf, dass Sie von Ihrem Gegenüber nicht ausgenutzt werden. Machen Sie es, weil es das Richtige ist und weil es etwas Gutes ist. Machen Sie es nicht deswegen, weil Sie hoffen, dafür etwas zu bekommen.

Kennen Sie eigentlich den folgenden Satz?
Sammelt euch Schätze für den Himmel.

Kennen Sie diesen Satz? Dieser Satz stammt aus der Bibel, man findet ihn im Neuen Testament, im Matthäus-Evangelium (Kapitel 6, Vers 19–21). Dort steht genau geschrieben:

„Sammelt euch keine Schätze hier auf der Erde, wo Motten und Rost sie zerfressen oder Diebe einbrechen und stehlen; sondern sammelt euch Schätze im Himmel, wo sie weder von Motten noch von Rost zerfressen werden können und auch vor Dieben sicher sind. **Denn wo dein Schatz ist, da wird auch dein Herz sein.**"

Wenn man es schafft, das zu einem Bestandteil seiner eigenen Lebenseinstellung zu machen, kann man auf seinem Lebensweg viel schaffen und auch leisten, ohne etwas dafür zurückbekommen zu wollen. Und wenn Ihre Lebenseinstellung so einen Bestandteil hat und andere ähnliche positive Bestandteile, dann schaffen Sie es in Ihrem Leben sicher, viel Gutes zu tun.

Sie konnten in diesem Buch bereits lesen, dass es für mich wirklich sehr schlimm ist, dass viele (sehr hübsche) Frauen weltweit mit ihrem Aussehen unzufrieden sind, nur weil sie auf bestimmte falsche Meinungen Wert legen und dass sie das dann sogar in einer wirklich schlimmen Art und Weise unglücklich macht. Sie wissen bereits, dass ich für all diese Frauen dieses Buch schreibe und ich ihnen damit wünsche, dass sie es schaffen, mit ihrem Aussehen glücklich und zufrieden zu sein. Ich hoffe, dass es viele Leserinnen schaffen, wenn vielleicht auch nicht alle, dass sie ab jetzt keinen Wert mehr auf Meinungen von irgendwelchen anderen Menschen legen, denn dadurch sind sie so unglücklich geworden. Und ich erinnere Sie jetzt noch einmal an das Folgende, weil das so wichtig ist: Es sind Denkweisen in Ihrem Kopf, die Sie einfach nur ändern müssen und Sie werden glücklich(er) sein. Und dieses Buch zielt darauf ab, bestimmte Denkweisen von vielen Frauen so zu ändern, dass Sie glücklich(er) sein können.

Irgendwelche Menschen haben irgendwann einmal gesagt, dass eine Frau die körperlichen Idealmaße 90-60-90 haben muss, um schön zu sein.

Ich bin ein anderer Mensch und ich sage Ihnen jetzt: Dass eine Frau die körperlichen Idealmaße 90-60-90 haben muss, um schön zu sein, ist ABSOLUT LÄCHERLICH! Und ich habe mich sehr darum bemüht, Ihnen in diesem Buch mit all den bereits verschriftlichten Erklärungen und Argumenten gut verständlich zu machen, warum das so ist.

Freuen Sie sich bitte als Frau über all das Gute, was Sie in Ihrem Leben haben. Wenn Sie gesund sind, dann freuen Sie sich darüber, bitte! Wenn Sie eine Familie haben, dann freuen Sie sich darüber, bitte! Wenn Sie Eltern haben, denen es gut geht, dann freuen Sie sich darüber, bitte! Wenn Sie eine Schwester oder einen Bruder oder vielleicht sogar mehrere Geschwister haben, mit der/dem/denen es Ihnen hoffentlich gut geht, dann freuen Sie sich darüber, bitte! Wenn Sie einen Partner oder eine Partnerin haben und es Ihnen in Ihrer Beziehung gut geht, dann freuen Sie sich darüber, bitte! Wenn Sie eigene Kinder haben, mit denen es Ihnen gut geht und denen es hoffentlich gut geht, dann freuen Sie sich darüber, bitte! Wenn Sie einen Arbeitsplatz haben, an dem es Ihnen zumindest meistens gut geht, dann freuen Sie sich darüber, bitte! Usw.! Freuen Sie sich bitte über alle guten Inhalte in Ihrem Leben, seien Sie heute so dankbar wie möglich für jeden einzelnen positiven Inhalt in Ihrem Leben und das auch wieder an jedem neuen Tag! Freuen Sie sich über alle persönlichen Stärken, die Sie besitzen. Bestimmte positive Eigenschaften, die Sie haben, sind Ihnen als GESCHENKE in Ihre Wiege gelegt worden! Andere positive Eigenschaften, die Sie haben, konnten Sie sich erfreulicherweise zu bestimmten Zeiten in Ihrem Leben aneignen. Wenn es noch Verbesserungspotential gibt, bemühen

Sie sich bitte, bestimmte persönliche Stärken noch weiter auszubauen und versuchen Sie bitte, Ihre Schwächen zumindest so gut wie möglich zu minimieren bzw. abzubauen, jeder Mensch ist unperfekt und hat darum auch Schwächen und nicht nur Stärken. Aber freuen Sie sich bitte vor allem, wie schon erwähnt, über alle guten Inhalte in Ihrem Leben und seien Sie so dankbar wie möglich für jeden einzelnen positiven Inhalt in Ihrem Leben, heute, und das auch wieder an jedem neuen Tag! Und verabschieden Sie sich von der lächerlichen, fremdbestimmten, von irgendwelchen anderen Menschen erfundenen Illusion der idealen weiblichen Körpermaße 90-60-90! Denn genau diese Illusion macht viele Frauen meiner Meinung nach nicht glücklich, sondern sogar eher abhängig und unglücklich!

Ich habe es für Sie bereits erwähnt: Sie können selbst wählen, ob Sie bezüglich Ihres Aussehens glücklich sind. Die Denkweisen, die Sie dafür brauchen, um mit Ihrem Aussehen einfach glücklich sein zu können, finden Sie in diesem Buch.

Bevor ich bald zum Schluss komme, möchte ich mit Ihnen noch etwas teilen, was ich als gläubiger Mensch ehrlich gesagt sogar gewissermaßen als Verpflichtung empfinde, in diesem Buch für Sie noch aufzuweisen, was ich aber gleichzeitig natürlich auch gerne mache. Ich möchte Ihnen ein paar bestimmte Erlebnisse von mir erzählen, die sicherlich auch dazu beigetragen haben, dass ich überhaupt denken konnte, dieses Buch zu schreiben.

Zuerst möchte ich Ihnen von einem bestimmten Pfarrer erzählen, den ich während mehrerer Gottesdienste erlebt habe. Mein Leben war sehr schlecht. Ich hatte so gut wie niemanden in meinem Leben. Ich bin mit einem alten, kleinen Auto manchmal an gewissen Sonntagen am Abend in die nächste Großstadt gefahren, zu einer Kirche, von der ich wusste, dass um 19 Uhr eine Abendmesse ist. Eigentlich wollte ich an diesen Sonntagen oft bereits morgens in dem Ort in die Kirche gehen, in dem ich gewohnt habe. Dort hätte ich zu Fuß nur circa fünf Minuten bis zur Kirche gehen müssen. Aber zu dieser Zeit ging es mir so schlecht, dass ich morgens nicht einmal aus dem Bett aufstehen konnte. Darum bin ich dann abends, da ging es mir dann meistens zumindest etwas besser, noch in die Abendmesse zur Kirche in dieser Großstadt gefahren. Es gab in meinem Leben schon einige Tage, da habe ich nicht einmal ein einziges Wort mit irgendeinem anderen Menschen gesprochen. Ich habe in meinem Leben schon mehrere PfarrerInnen erlebt. Ich habe es schon öfters erlebt, dass mich gewisse PfarrerInnen auf ihre jeweils individuelle Art und Weise eher angesprochen haben, ich habe es aber auch schon manchmal erlebt, dass das gar nicht so war. Aber bei diesem einen Pfarrer war es von Beginn an so, ich kannte ihn natürlich zu Beginn gar nicht, aber beim ersten Gottesdienst, den ich mit ihm erlebt habe, hat er mich sofort total angesprochen. Und jedes weitere Mal, als ich an einem Sonntagabend um 19 Uhr in diese Kirche gegangen bin und er gesprochen hat, hat er sozusagen einfach meine Sprache gesprochen. Und eines Tages, er hielt immer tolle Lesungen und Predigten, da sagte er nach einer wieder tollen Lesung dann in seiner Predigt diesen einen folgenden Satz, der meines Erachtens für jeden einzelnen Menschen zählen sollte und um den ich mich seit damals noch konkreter in meinem Leben bemüht habe und weiterhin bemühe. Er sagte: **„Tun Sie das, was Sie von Gott wissen, dass Sie tun sollen, auch wenn es noch so wenig ist!"**

Wenn jeder einzelne Mensch auf dieser Welt sich bemüht, das, so gut er kann, zu tun, dann kann es meiner Meinung nach auf dieser Welt für uns alle nur besser werden! Darum möchte ich diesen prägenden Satz aus meinem Leben auch an Ihr Herz legen.

Als Nächstes möchte ich Ihnen von einem Erlebnis von mir erzählen, welches schon vor mehreren Jahren passiert ist. Ich bin einmal während einer Arbeitswoche an einem Nachmittag in einer Großstadt Passagier einer Straßenbahn in Richtung des Hauptbahnhofs gewesen. Ich glaube, es war an einem Nachmittag nach der Büroarbeit, die ich zu dieser Zeit hatte. Ich glaube, es war an einem eher sommerlichen Tag und das Wetter müsste an diesem Tag relativ schön gewesen sein. Ich saß auf jeden Fall in dieser Straßenbahn und habe einfach so aus dem Fenster hinausgesehen und die Umgebung außerhalb der Straßenbahn beobachtet. Plötzlich ist mir eine Frau in einer gewissermaßen angenehmen und positiven Art und Weise aufgefallen, die ein Leiberl trug, mit einer Aufschrift darauf. Mir fallen solche Leiberl relativ schnell auf, ich habe immer wieder einmal interessante Sprüche oder Ähnliches auf solchen T-Shirts o. Ä. erblickt. Die Frau, die zu Fuß unterwegs war, und die Straßenbahn, in der ich saß, waren in entgegengesetzter Richtung unterwegs, das heißt die Frau ist immer mehr/deutlicher in mein Blickfeld gekommen. Da diese Frau schon eine angenehme Wirkung auf mich hatte, als sie noch etwas weiter entfernt war, wollte ich dann irgendwie wissen, was genau vorne auf ihrem Leiberl steht. Als ich dann konkret die Aufschrift erkennen konnte, las ich zum ersten Mal in meinem Leben auf einem Leiberl und ich glaube, zum ersten Mal in meinem Leben überhaupt den Satz: **LOVE IS WHY WE ARE HERE!**

Dieses Erlebnis hat mich so positiv geprägt, ich war wirklich froh, dass ich zufällig dieses Erlebnis gemacht habe und ich kann mich jetzt noch, Jahre später, wirklich gut daran erinnern und vielleicht war dieses Erlebnis sogar ein bisschen richtungsweisend für mein Leben. Jetzt gerade, wo ich diese Zeilen schreibe, kommt mir das, Jahre später, schon irgendwie so vor und dieses Erlebnis ist weiterhin eine wunderschöne Erinnerung für mich.

Und nun möchte ich Ihnen noch eine Bibelstelle präsentieren, die ich während einer sehr schwierigen, aber auch ganz besonderen Zeit meines bisherigen Lebens kennenlernen durfte. Es ist eine, meiner Meinung nach, so übermächtige Bibelstelle, die die Thematik LIEBE betrifft bzw. vielleicht sogar in der besten Art und Weise beschreibt, was denn LIEBE überhaupt genau ist. Ich wünsche Ihnen viel Genuss beim Lesen der folgenden Bibelstelle (Neues Testament, 1 Korinther 13), wo geschrieben steht:

„Liebe ist geduldig und freundlich. Sie ist nicht verbissen, sie prahlt nicht und schaut nicht auf andere herab. Liebe verletzt nicht den Anstand und sucht nicht den eigenen Vorteil, sie lässt sich nicht reizen und ist nicht nachtragend. Sie freut sich nicht am Unrecht, sondern freut sich, wenn die Wahrheit siegt. Liebe nimmt alles auf sich, sie verliert nie den Glauben oder die Hoffnung und hält durch bis zum Ende."

Und genau in diesem Kapitel steht zuvor noch etwas geschrieben, was Ihnen noch deutlicher machen soll, wie unwichtig eigentlich das optische Erscheinungsbild eines Menschen sein sollte, weil es auf der Welt um Liebe, um all das Schöne, was sich in den Herzen der Menschen befindet, und nicht um irgend so ein oberflächliches Aussehen gehen sollte.

Das Kapitel 13 hat die Überschrift: Das Wichtigste ist die Liebe
Und dort findet man dann Folgendes geschrieben:
„Wenn ich in den unterschiedlichsten Sprachen der Welt, ja, sogar in der Sprache der Engel reden kann, aber ich habe keine Liebe, so bin ich nur wie ein dröhnender Gong oder ein lärmendes Becken. Wenn ich in Gottes Auftrag prophetisch reden kann, alle Geheimnisse Gottes weiß, seine Gedanken erkennen kann und einen Glauben habe, der Berge versetzt, aber ich habe keine Liebe, so bin ich nichts. Selbst wenn ich all meinen Besitz an die Armen verschenke und für meinen Glauben das Leben opfere, aber ich habe keine Liebe, dann nützt es mir gar nichts."

Somit appelliere ich an Sie: Wenn Sie jemanden in Ihrem Leben haben oder vielleicht sogar und auch hoffentlich mehrere Menschen in Ihrem Leben haben, den/die Sie lieben, aber manchmal wissen Sie gar nicht mehr wirklich, warum genau Sie diesen Menschen/diese Menschen eigentlich noch/weiterhin lieben sollen oder auch lieben können, weil es mit den Menschen, die man liebt, im Leben von Zeit zu Zeit auch zu so vielen Schwierigkeiten und Problemen kommen kann, dann bitte ich Sie, dass Sie sich diese übermächtige Bibelstelle als Grundsatz für Ihr Leben aneignen, natürlich nur, wenn Sie das auch möchten, damit Sie einen bestimmten anderen Menschen, wenn Sie ihn lieben, nicht nur lieben können, wenn es einfach und leicht ist, sondern auch, wenn es schwierig und schwer ist.

Sie haben nun den Schluss des Buches fast erreicht. Es gibt aber ein paar Sachen, die mir noch wichtig sind zu nennen. Ich bin mir ganz sicher, dass mir sehr viele Menschen weltweit in ihren Herzen Recht geben, wenn ich sage, dass eine Frau nicht die Körpermaße 90-60-90 haben muss, damit sie ein guter Mensch ist. Und diese vielen Menschen geben mir auch weiter Recht, wenn ich sage, dass es aber im Leben eines Menschen genau darum geht, ein guter Mensch zu sein. Es sollte im Leben eines Menschen darum gehen zu lieben, das macht ein menschliches Leben lebenswert. Love is why we are here. In diesem schon zuvor genannten Satz lässt sich all dieser Lebenssinn so exzellent zusammenfassen. Somit sind bestimmte Körpermaße, wie zum Beispiel 90-60-90, dann aber auch sowas von egal, wenn es im Leben darum geht, ein guter Mensch zu sein, denn die schönen, liebevollen Charaktereigenschaften, die ein Mensch dafür braucht, befinden sich im Herzen dieses Menschen! Wenn die schönste Frau die Frau ist, die die schönsten Charaktereigenschaften in ihrem Herzen trägt, dann dürfen sich viele Frauen als schön betrachten bzw. schön fühlen. Weil: Sich diese schönen Charaktereigenschaften anzueignen, das haben schon ganz viele Frauen geschafft und das können in Zukunft auch ganz viele Frauen schaffen. Aber wenn die schönste Frau die Frau ist, die die „idealen Körpermaße hat", das ist für bestimmte und auch relativ viele Frauen während ihres ganzen Lebens, wie bereits ausführlich im Buch von mir erklärt, nicht einmal wirklich möglich. Zwischen diesen zwei verschiedenen Definitionen besteht ein extremer Unterschied. Bei der erstgenannten Definition dürfen sich viele Frauen schön fühlen. Viele Frauen, die sich schön fühlen dürfen, und ganz unterschiedlich aussehen.

All diejenigen, die dieses Buch gelesen haben, wissen, dass das ganze Buch im Wesentlichen viel mit Zufriedenheit zu tun hat. Meine eigene Interpretation und Erklärung von Zufriedenheit ist, dass man Frieden empfindet, wenn man zufrieden ist. In der Mitte des Wortes Zufriedenheit steht exakt das Wort FRIE-DEN. Und Zufriedenheit ist ja ein (menschliches) Gefühl. Man kann mit vielem zufrieden sein, also bezüglich vielem Frieden empfinden. Wenn man zufrieden damit ist, wie man aussieht, mit dem Wissen, dass man ja genau so aussieht, wie Gott einen gemacht hat, dann ist man immun gegen so viele Denkweisen, „Anforderungen" und gegen das „wie man sein soll", gegen vieles auf der Welt, auch gegen die oft ungefragten Meinungen anderer Menschen, die definitiv nicht das Recht haben, einem zu sagen was man zu tun hat und was nicht. Und genau diese Einstellung, die für einen selbst wichtig ist, in seinem eigenen Kopf und in seinem eigenen Herzen zu haben, macht einen von so vielem **FREI!**

Sich verbessern zu wollen, dagegen spricht normalerweise gar nichts. Aber eben: **sich** verbessern zu wollen. Das betrifft einen selbst. Da geht es um ein bestimmtes EIGENES Interesse, bezüglich einer eigenen Verbesserung! Es geht um einen selbst und darum zählt die eigene Meinung. Die Meinung anderer ist erst dann in irgendeiner Art und Weise für einen selbst auch nur ansatzweise relevant, wenn man in irgendeiner Art und Weise daran Interesse hat oder davon etwas wissen will und jemand anderen zum Beispiel nach seiner/ihrer Meinung fragt.

Ich möchte Sie zum Schluss nun noch einmal fragen, bitte denken Sie zurück an die erste der drei Skalen im Buch, wo Sie Ihren persönlichen Eintrag gemacht haben, bezüglich Ihrer Wertlegung darauf, wie wichtig für Sie im Allgemeinen das äußere Erscheinungsbild von einem Menschen ist. Wenn es für Sie okay ist, dann blättern Sie jetzt bitte noch nicht zurück, um nachzuschauen, welchen Eintrag Sie genau auf der ersten Skala auf Seite 12 gemacht haben, aber vielleicht wissen Sie es ja noch genau.

Ich bitte und frage Sie nun erneut: Wenn Sie möchten, nehmen Sie jetzt bitte wieder einen Stift zur Hand und tragen Sie auf der Skala unterhalb dieses Absatzes von 0 bis 10 erneut ein (einfach zum Beispiel wieder mit einem **x** oder einer kleinen Kreismarkierung **o**): *Wie wichtig ist für Sie im Allgemeinen das Aussehen von einem Menschen?* Der Minimalwert 0 würde hier wieder bedeuten, dass für Sie das Aussehen von einem Menschen komplett unwichtig/egal ist. Der Maximalwert 10 würde hier wieder bedeuten, dass für Sie das Aussehen eines Menschen das Wichtigste ist.

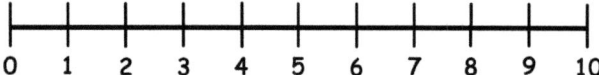

Sollten Sie es noch nicht gemacht haben, können Sie jetzt gerne die zwei Skalaeinträge, die Sie gemacht haben, vergleichen.

Wenn Ihr Skalaeintrag jetzt nur um etwas weiter nach links gewandert ist als der Skalaeintrag auf der ersten Skala in diesem Buch (Seite 12), dann ist der Sinn dieses Buches definitiv bei Ihnen angekommen. Dann bedeutet das, dass es für Sie zumindest nicht mehr so wichtig ist, wie es war, dass ein Mensch optisch gut aussehen muss, damit Sie an ihm ein persönliches Interesse haben können, sondern dass es dafür wichtig ist, dass ein Mensch ein gutes Herz hat. Und Ihnen persönlich wünsche ich somit, dass Sie von nun an auch mit einer gestärkten und stabilen Einstellung ein zumindest zufriedeneres Leben leben können, was Ihr eigenes Aussehen betrifft, was so ist, wie es ist, und wenn es einzig und allein für SIE passt, dann ist es auch gut so. Und ich wünsche Ihnen, dass für Sie im Allgemeinen das Aussehen von Menschen wenig von Bedeutung ist, die schönen und liebevollen Charaktereigenschaften von Menschen für Sie aber viel zählen!

**Die schönste Frau ist die Frau,
die die schönsten Charaktereigenschaften
in ihrem Herzen trägt!**

novum VERLAG FÜR NEUAUTOREN

Der Verlag

*Wer aufhört
besser zu werden,
hat aufgehört
gut zu sein!*

Basierend auf diesem Motto ist es dem novum Verlag ein Anliegen, neue Manuskripte aufzuspüren, zu veröffentlichen und deren Autoren langfristig zu fördern. Mittlerweile gilt der 1997 gegründete und mehrfach prämierte Verlag als Spezialist für Neuautoren in Deutschland, Österreich und der Schweiz.

Für jedes neue Manuskript wird innerhalb weniger Wochen eine kostenfreie, unverbindliche Lektorats-Prüfung erstellt.

Weitere Informationen zum Verlag und
seinen Büchern finden Sie im Internet unter:

w w w . n o v u m v e r l a g . c o m